新 HSK
기출모의 문제집

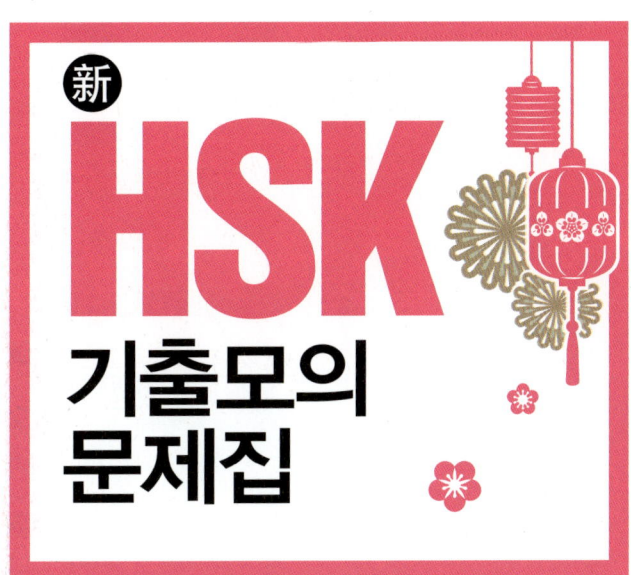

新HSK 기출모의문제집 1급

지은이 박용호, 赵春秋, 杜欣
펴낸이 임상진
펴낸곳 (주)넥서스

초판 1쇄 발행 2018년 2월 5일
초판 3쇄 발행 2024년 8월 1일

출판신고 1992년 4월 3일 제311-2002-2호
주소 10880 경기도 파주시 지목로 5
전화 (02)330-5500 팩스 (02)330-5555
ISBN 979-11-6165-148-4 13720

저자와 출판사의 허락 없이 내용의 일부를
인용하거나 발췌하는 것을 금합니다.
저자와의 협의에 따라서 인지는 붙이지 않습니다.

가격은 뒤표지에 있습니다.
잘못 만들어진 책은 구입처에서 바꾸어 드립니다.

www.nexusbook.com

新

HSK 기출모의 문제집

박용호 · 赵春秋 · 杜欣 지음
한국중국어교육개발원 감수

1급

넥서스

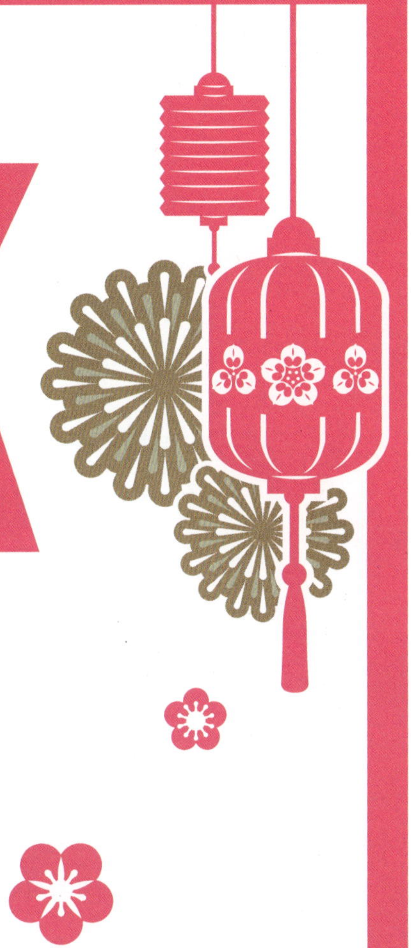

여는 글

뒤돌아 보면 HSK 시험의 역사는 1984년 北京语言学院(현재의 북경어언대학)의 HSK 개발팀으로부터 시작됩니다. 1992년 12월 26일 중국국가교육위원회에서 HSK 시험을 국가급 시험으로 공포하고, 그 후 지속적인 연구 개발을 거쳐 초중등, 고등, 기초 시험의 구성이 최종 완성된 시점이 1997년이니, 이를 기준으로 삼는다면 만 20년이 훌쩍 지난 셈입니다.

필자의 중국어 공부 역사는 공교롭게도 HSK의 역사와 함께합니다. 1984년 대학에 입학하면서부터 본격적으로 중국어를 공부하기 시작했기 때문입니다. 초기에는 1~11급 체계로 치러지던 시험이 2009년 11월부터는 1~6급 체계의 新HSK로 바뀌어 현재까지 이어지고 있으며, 2010년대에 들어서는 지필 시험과 더불어 온라인 시험까지 시행되고 있는 것을 보면 HSK 시험도 시간의 흐름에 따라 많은 변화를 거듭하고 있는 것 같습니다.

초기에는 수십 명에 불과했던 응시생도 이제는 매년 20만에 육박하는 인원이 응시할 정도로 많이 늘었습니다. 국내 시험 주관 기관도 10여 개로 늘어났고, 시험 횟수도 19회(2018년 온라인 시험 기준) 실시될 정도로 많아졌습니다. 아직 HSK를 대체할 만한 시험이 없기 때문에, HSK는 중국어 능력을 테스트하는 공신력 있는 시험으로서 앞으로도 지속적인 성장이 예상됩니다.

2010년 필자가 소속된 〈한국중국어교육개발원〉에서는 국내 최초로 新HSK 1급부터 6급까지 전 과정을 아우르는 모의고사 문제집인 〈How to 新HSK 모의고사〉 시리즈 전 10권을

넥서스에서 출간한 바 있습니다. 그 후 여러 출판사에서 수많은 HSK 문제집이 출간되었습니다만, 책이 두꺼운 데 비하여 문제는 겨우 5회분 안팎으로 빈약한 경우가 대부분이었습니다. 불필요하게 자세한 해설보다 다양한 문제를 통한 실질적인 시험 준비를 희망하는 응시생 및 지도 교사들은 늘 불만이었습니다. 문제집 본연의 목적과 기능에 충실한 모의고사 문제집의 필요성, 그것이 이 시리즈를 새롭게 기획하게 된 이유였습니다. "아직 대한민국에는 문제집다운 모의고사 문제집이 없다. 응시생의 입장에서 문제집다운 문제집을 만들자!"라는 목적 의식에서 이 불친절한 문제집이 탄생하게 된 것입니다.

따라서 이 책은 자세한 해설이 없습니다. 그 대신 무려 15회 분량의 충분한 문제를 실었습니다. 이제 여러분은 자신의 현재 실력을 테스트할 수 있는 가장 경제적이고 효율적인, 진정한 의미의 모의고사 문제집을 만난 셈입니다. 문제 해석은 출판사 홈페이지에서 무료로 다운로드해서 참고할 수 있으니 금상첨화! 이제 이 한 권의 책이 여러분의 성공적인 삶의 동반자이자 중국 시장을 노크하는 새로운 도구로서 널리 활용되기를 기대합니다.

끝으로 최고의 팀인 赵春秋, 杜欣 교수와 周欣悦, 韩序, 牛东博, 王柳, 刘泽爱, 王金丽, 王菲菲, 宋美佳 선생님, 수고 많이 하셨습니다. 최고의 중국어 편집자인 넥서스의 권근희 부장과 출간을 허락해 주신 신옥희 전무님께 감사를 드리며, 휴직 중 가사에 바쁜 가운데에도 번역에 참여해 준 이수진 선생님, 열정적으로 교정에 참여해 준 杨玲 선생님께도 감사 드립니다.

집필진 대표 박용호 드림

이 책의 활용법

모의고사 15회분 풀기
실제 시험을 치르는 것처럼 시간을 재면서 15회분의 문제를 풀어 봅니다. 듣기 문제를 풀 때는 무료 다운로드한 MP3를 들으며 풉니다. 부록에 수록된 답안지를 잘라서 답안 체크 훈련도 함께 합니다.

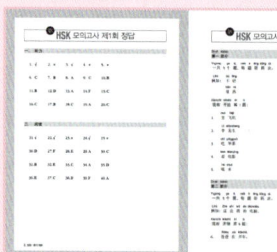

정답과 듣기 대본으로 채점하기
부록에 수록된 정답과 대조하여 자신의 점수를 확인합니다. 듣기 대본은 듣기 문제 정답을 확인할 때 참고합니다.

해석으로 복습하기
무료 다운로드한 문제 해석을 참고하여 틀린 문제를 꼼꼼히 분석하면서 완전히 자기 것으로 만듭니다.

MP3와 해석 다운받기

1 www.nexusbook.com에서 도서명으로 검색하면 MP3와 문제 해석을 다운받을 수 있습니다.

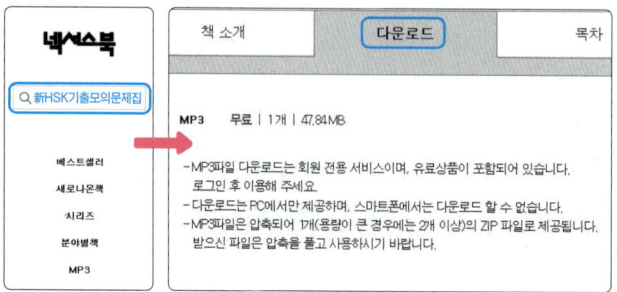

2 스마트폰으로 책 뒤표지의 **QR코드**를 찍으면 MP3를 바로 들을 수 있습니다.

차례

여는 글	4
이 책의 활용법	6
新HSK란?	8
新HSK 1급 소개	10
모의고사 1회	17
모의고사 2회	27
모의고사 3회	37
모의고사 4회	47
모의고사 5회	57

모의고사 6회	67
모의고사 7회	77
모의고사 8회	87
모의고사 9회	97
모의고사 10회	107
모의고사 11회	117
모의고사 12회	127
모의고사 13회	137
모의고사 14회	147
모의고사 15회	157

부록

정답·듣기 대본	2
답안지	63

新HSK란?

시험 소개
- HSK(汉语水平考试)는 중국 정부 기구인 '중국 국가 한판'이 중국 교육부령에 의거하여 출제·채점하고 성적표를 발급한다.
- HSK는 제1언어가 중국어가 아닌 사람의 중국어 능력을 평가하기 위해 만들어진 중국 정부 유일의 국제 중국어 능력 표준화 시험으로, 생활·학습·업무 등 실생활에서의 중국어 운용 능력을 중점적으로 평가하며, 현재 세계 112개 국가, 860개 지역에서 시행되고 있다.

시험 구성
- HSK는 'HSK 1급~6급' 시험과 'HSKK 초급·중급·고급 회화' 시험으로 나뉘어 시행되며, 각각 독립적으로 실시되므로 해당 등급에 대해 개별적으로 응시할 수 있다.
- HSK는 HSK 6급, HSK 5급, HSK 4급, HSK 3급과 중국어 입문자를 위한 HSK 2급, HSK 1급으로 각각 실시된다.

HSK(필기 시험)	HSKK(구술 시험)
HSK 6급	HSKK 고급
HSK 5급	
HSK 4급	HSKK 중급
HSK 3급	
HSK 2급	HSKK 초급
HSK 1급	

시험 방법
- HSK 지필 시험(纸笔考试) : 기존에 진행해 오던 시험 방식으로, 종이 시험지와 답안지를 사용하여 진행하는 시험
- HSK IBT 시험(网络考试) : 컴퓨터를 사용하여 진행하는 온라인 시험

시험 등급별 어휘량 및 수준

등급	어휘량	수준
HSK 6급	5,000개 이상	중국어 정보를 쉽게 알아듣고 읽을 수 있으며, 중국어로 구두 또는 서면의 형식으로 유창하고 적절하게 자신의 견해를 표현할 수 있다.
HSK 5급	2,500개	중국어 신문과 잡지를 읽을 수 있고, 중국어 영화 또는 TV프로그램을 감상할 수 있다. 또한 중국어로 비교적 완전한 연설을 할 수 있다.
HSK 4급	1,200개	광범위한 분야의 화제에 대해 중국어로 토론을 할 수 있으며, 비교적 유창하게 원어민과 대화하고 교류할 수 있다.
HSK 3급	600개	중국어로 일상생활, 학습, 업무 등 각 분야의 상황에서 기본적인 회화를 진행할 수 있다. 또한 중국 여행 시 겪게 되는 대부분의 상황들을 중국어로 대응할 수 있는 수준에 해당한다.
HSK 2급	300개	중국어로 간단하게 일상생활에서 일어나는 화제에 대해 이야기할 수 있으며, 초급 중국어의 상위 수준이라 할 수 있다.
HSK 1급	150개	매우 간단한 중국어 단어와 문장을 이해하고 사용할 수 있으며, 기초적인 일상 회화를 진행할 수 있다. 또한 다음 단계의 중국어 학습 능력을 갖추고 있다고 판단할 수 있다.

시험 용도
- 중국 대학(원) 입학·졸업 시 평가 기준
- 한국 대학(원) 입학·졸업 시 평가 기준
- 중국 정부 장학생 선발 기준
- 한국 특목고 입학 시 평가 기준
- 교양 중국어 학력 평가 기준
- 각급 업체 및 기관의 채용·승진을 위한 기준

시험 성적
- 시험일로부터 1개월 후 : 중국 고시센터 홈페이지(www.hanban.org)에서 개별 성적 조회 가능
- 시험일로부터 45일 후 : 개인 성적표 발송
    - 우편 수령 신청자의 경우, 등기우편으로 발송
    - 방문 수령 신청자의 경우, HSK한국사무국에 방문하여 수령
- HSK 성적은 시험일로부터 2년간 유효

新HSK 1급 소개

응시 대상
HSK 1급은 매주 2~3시간씩 1학기(40~60시간) 정도의 중국어를 학습하고, 150개의 상용 어휘와 관련 어법 지식을 마스터한 학습자를 대상으로 한다.

시험 내용
HSK 1급은 총 40문제로 듣기/독해 두 영역으로 나뉜다.

시험 내용		문항 수		시험 시간(분)
1. 듣 기	제1부분	5	20문항	약 15분
	제2부분	5		
	제3부분	5		
	제4부분	5		
듣기 영역의 답안지 작성 시간				3분
2. 독 해	제1부분	5	20문항	17분
	제2부분	5		
	제3부분	5		
	제4부분	5		
총 계	/		40문항	약 35분

*총 시험 시간은 약 40분이다.(응시자 개인 정보 작성 시간 5분 포함)

성적 결과
HSK 1급 성적표에는 듣기, 독해 두 영역의 점수와 총점이 기재된다.
각 영역별 만점은 100점 만점이며, 총점은 200점 만점이다. ※ 총점이 120점 이상이면 합격이다.

	만 점
듣 기	100
독 해	100
총 점	200

시험 유형

1. 听力(듣기)

第一部分

제1부분은 총 5문항이고, 모든 문제는 두 번씩 들려준다. 짧은 구절을 듣고, 그 내용이 시험지에 주어진 그림과 일치하는지를 판단하는 문제이다.

예

hěn gāoxìng
很 高兴

	√

kàn diànyǐng
看 电影

	×

第二部分

제2부분은 총 5문항이고, 모든 문제는 두 번씩 들려준다. 짧은 문장을 듣고, 시험지에 주어진 3장의 그림 중에서 문장 내용과 일치하는 것을 찾는 문제이다.

예

Zhè shì wǒ de shū.
这 是 我 的 书。

A √	**B**	**C**

第三部分

제3부분은 총 5문항이고, 모든 문제는 두 번씩 들려준다. 두 사람의 대화를 듣고, 보기의 그림 중에서 대화 내용과 일치하는 것을 찾는 문제이다.

예

A

B

C

D

Nǐ hǎo!
男：你 好！

Nǐ hǎo! Hěn gāoxìng rènshi nǐ.
女：你 好！很 高兴 认识 你。 C

第四部分

제4부분은 총 5문항이고, 모든 문제는 두 번씩 들려준다. 한 사람이 한 문장을 들려주고, 다른 사람이 그 문장과 관련된 질문을 한다. 시험지에 주어진 3개의 보기 중에서 질문의 답을 찾는 문제이다.

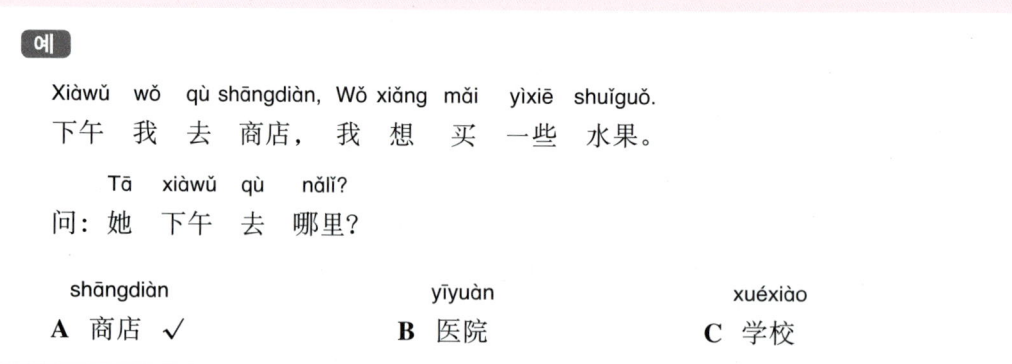

예

Xiàwǔ wǒ qù shāngdiàn, Wǒ xiǎng mǎi yìxiē shuǐguǒ.
下午 我 去 商店，我 想 买 一些 水果。

Tā xiàwǔ qù nǎlǐ?
问：她 下午 去 哪里？

shāngdiàn
A 商店 ✓

yīyuàn
B 医院

xuéxiào
C 学校

2. 阅读(독해)

第一部分

제1부분은 총 5문항이고, 문제마다 각각 하나의 그림과 단어가 주어진다. 주어진 그림과 단어가 일치하는지 판단하는 문제이다.

예

	diànshì 电视	×
	fēijī 飞机	✓

第二部分

제2부분은 총 5문항이고, 문제마다 하나의 문장이 주어진다. 보기의 그림 중에서 문장 내용과 일치하는 것을 찾는 문제이다.

예

A

B

C

D

E

F

Wǒ hěn xǐhuan zhè běn shū.
我 很 喜欢 这 本 书。 E

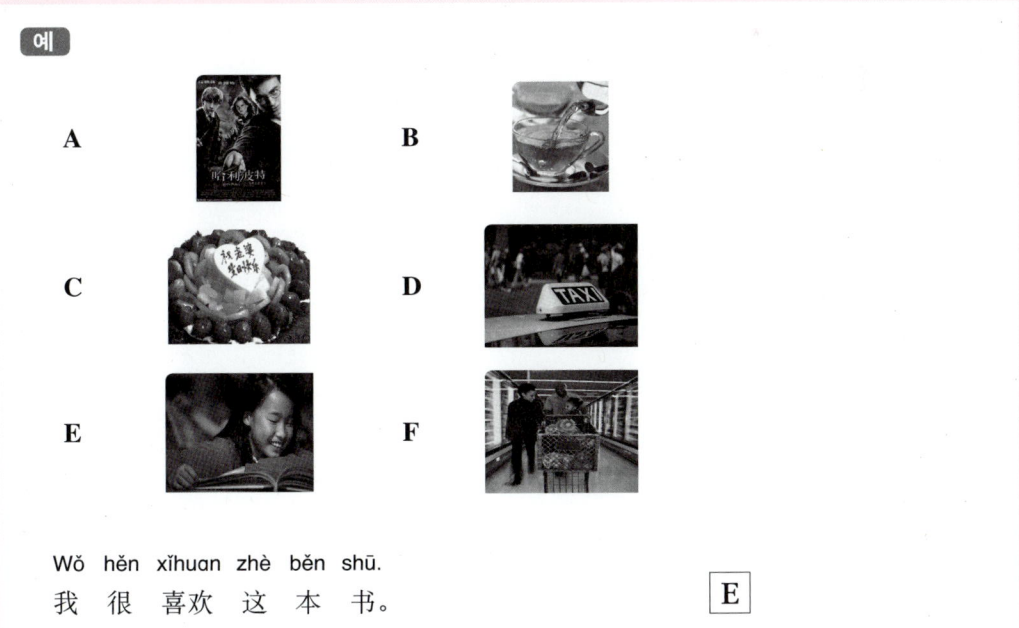

第三部分

제3부분은 총 5문항이고, 문제마다 하나의 질문이 주어진다. 보기 중에서 질문에 알맞은 대답을 찾는 문제이다.

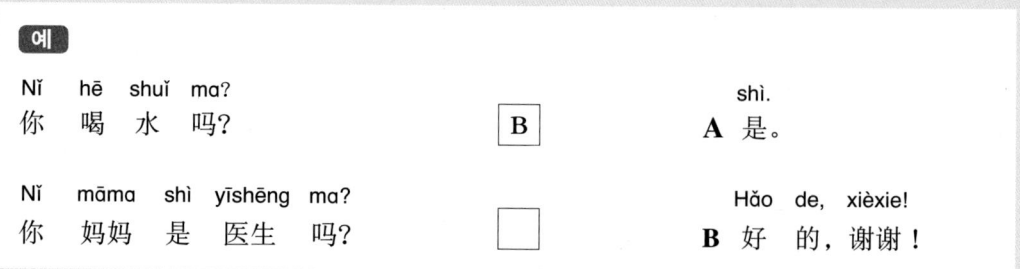

예

Nǐ hē shuǐ ma? 你 喝 水 吗?	B	shì. **A** 是。
Nǐ māma shì yīshēng ma? 你 妈妈 是 医生 吗?		Hǎo de, xièxie! **B** 好 的，谢谢！

第四部分

제4부분은 총 5문항이고, 문제마다 주어진 문장 가운데에 빈칸이 하나 있다. 보기 중에서 빈칸에 들어갈 알맞은 단어를 골라 완전한 문장을 만드는 문제이다.

예

duìbuqǐ **A** 对不起	gōngzuò **B** 工作	suì **C** 岁	míngzi **D** 名字	zuò **E** 做	hé **F** 和

Nǐ jiào shénme ?
你 叫 什么（ **D** ）？

시험 진행 과정

1 시험이 시작되면, 감독관이 다음과 같이 말한다.

> 大家好! 欢迎参加HSK(一级)考试。
> 여러분, 안녕하세요! HSK (1급) 시험에 참가하신 것을 환영합니다.

2 감독관은 응시생들에게 아래 사항에 대해 주의를 준다. (이때는 응시생의 모국어나 기타 유효한 방법을 사용할 수 있다.)
 (1) 휴대전화의 전원을 끈다.
 (2) 수험표와 신분증을 책상 우측 상단에 놓는다.

3 그 후, 감독관은 다음과 같이 말한다.

> 现在请大家填写答题卡。
> 지금부터 답안지를 작성해 주세요.

감독관은 응시생의 수험표를 참고하여(이때는 응시생의 모국어나 기타 유효한 방법을 사용할 수 있다.) 연필로 답안지에 이름과 국적, 수험 번호, 성별, 고사장 번호, 연령, 화교 여부, 중국어 학습 기간 등을 기재할 것을 지시한다. 화교 응시생이란 부모님 양쪽 혹은 한쪽이 중국인인 응시생을 가리킨다.

4 그 후, 감독관은 시험지를 배포한다.

5 시험지 배포 후, 감독관은 응시생들에게 시험지 표지에 기재된 주의 사항을 설명해 준다. (이때는 응시생의 모국어나 기타 유효한 방법을 사용할 수 있다.)

> 注　意
>
> 一、HSK(一级)分两部分：
> 　　1. 听力(20题, 约15分钟)
> 　　2. 阅读(20题, 17分钟)
> 二、听力结束后，有3分钟填写答题卡。
> 三、全部考试约40分钟(含考生填写个人信息时间5分钟)。

6 그 후, 감독관은 다음과 같이 말한다.

> 请打开试卷，现在开始听力考试。
> 시험지를 펴세요. 지금부터 듣기 시험을 시작하겠습니다.

감독관은 응시생들에게 시험지의 봉인을 열라고 말한다. (이때는 응시생의 모국어나 기타 유효한 방법을 사용할 수 있다.)

7 감독관은 듣기 녹음을 방송한다.

8 듣기 시험이 끝난 후, 감독관은 다음과 같이 말한다.

> 现在请把第1到20题的答案写在答题卡上，时间为3分钟。
> 지금부터 1번부터 20번까지의 답을 답안지에 기입해 주세요. 시간은 3분입니다.

감독관은 응시생들에게 답안을 답안지를 적으라고 알려 준다. (이때는 응시생의 모국어나 기타 유효한 방법을 사용할 수 있다.)

9 3분 후, 감독관은 다음과 같이 말한다.

> 现在开始阅读考试。考试时间为17分钟。
> 지금부터 독해 시험을 시작하겠습니다. 시험 시간은 17분입니다.

10 독해 시험이 5분 남았을 때, 감독관은 다음과 같이 말한다.

> 阅读考试时间还有5分钟。
> 독해 시험 시간이 5분 남았습니다.

11 5분 후, 감독관은 시험지와 답안지를 회수한다.

> 现在请监考收回试卷和答题卡。
> 지금부터 시험지와 답안지를 걷어 주세요.

12 감독관은 시험지와 답안지를 점검한 후, 다음과 같이 말한다.

> 考试现在结束。谢谢大家! 再见。
> 이것으로 시험을 마치겠습니다. 여러분, 감사합니다! 안녕히 가세요.

新汉语水平考试
HSK（一级）
模拟考试 1

注　意

一、　HSK（一级）分两部分：

　　1. 听力(20题，约15分钟)

　　2. 阅读(20题，17分钟)

二、　听力结束后，有3分钟填写答题卡。

三、　全部考试约40分钟(含考生填写个人信息时间5分钟)。

一、听力
第一部分

第1-5题

例如：		✕
		✓
1.		
2.		
3.		
4.		
5.		

第二部分

第6-10题

例如:	 A ✓	 B	 C
6.	 A	 B	 C
7.	 A	 B	 C

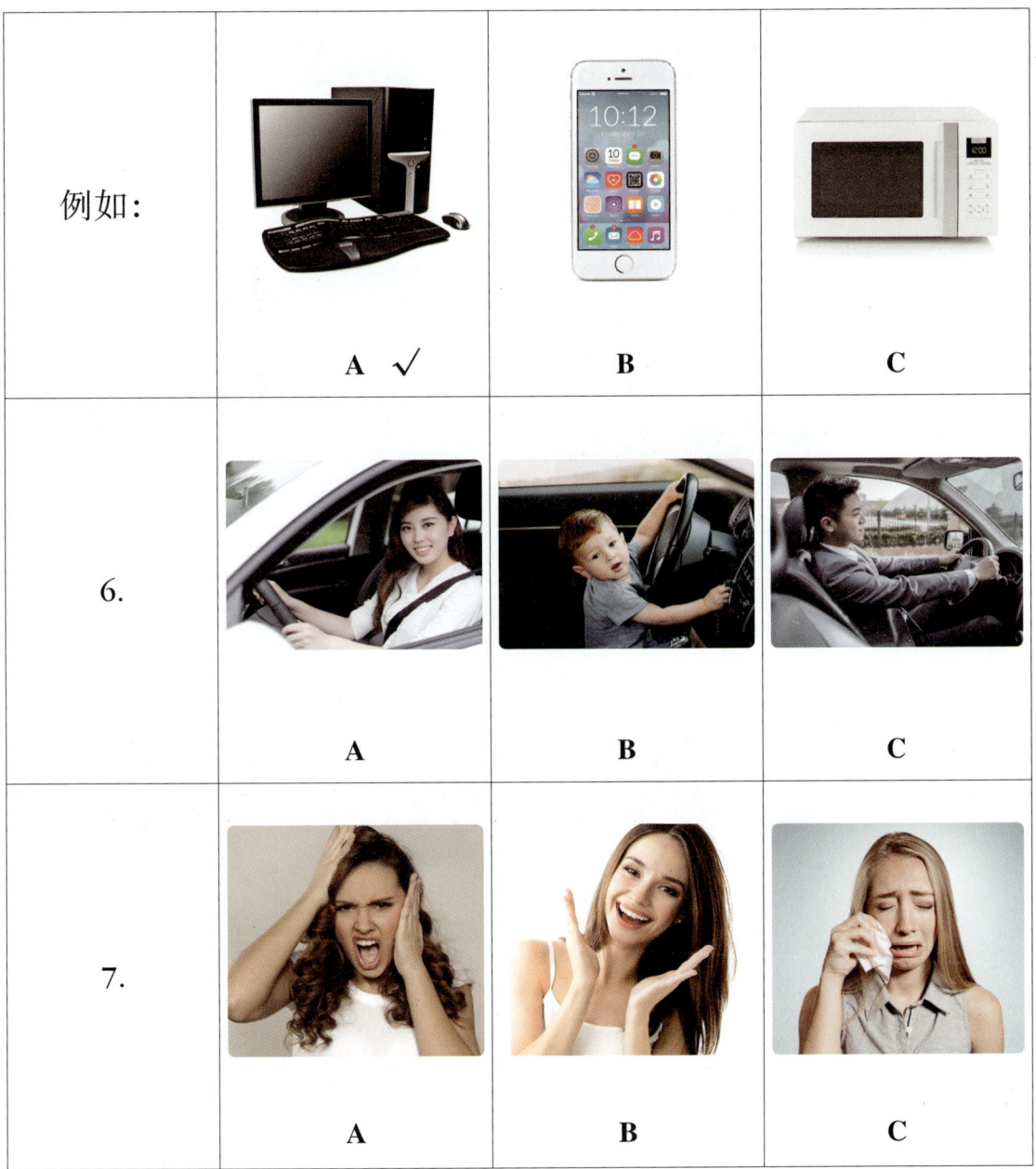

8.	 A	 B	 C
9.	 A	 B	 C
10.	 A	 B	 C

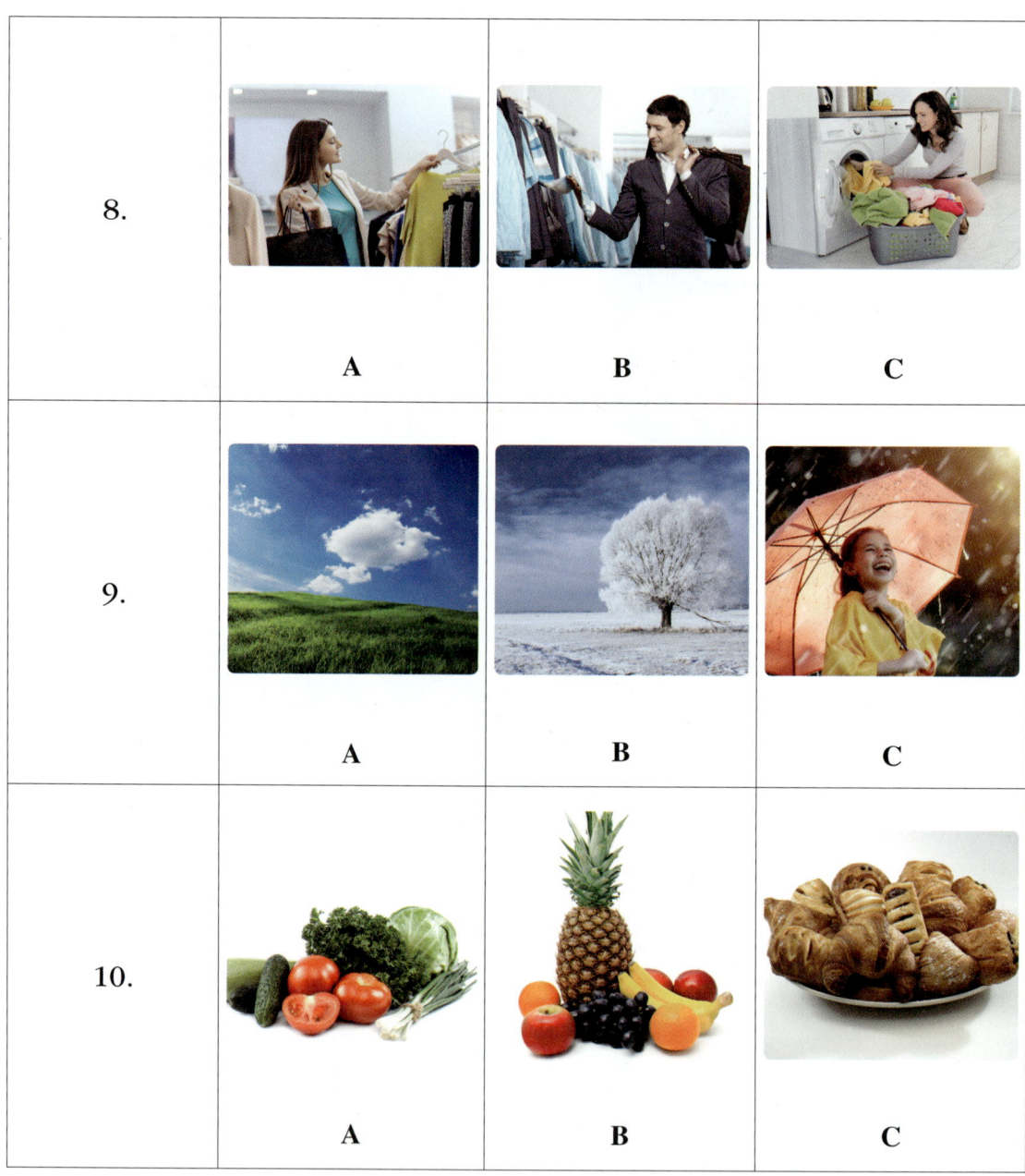

第三部分

第11-15题

A

B

C

D

E

F

Lìrú　　　Nǐ hǎo!
例如：　男：你 好！
　　　　　Nǐ hǎo! Hěn gāoxìng rènshi nǐ.
　　　　女：你 好！很 高兴 认识 你。　　E

11. □

12. □

13. □

14. □

15. □

第四部分

第16-20题

例如:
　　　　Wǒ　nǚ'ér　hěn　xiǎo,　jīnnián　liù　suì.
　　　　我　女儿　很　小,　今年　六　岁。

　　　　　　　　Tā　nǚ'ér　jīnnián　jǐ　suì　le?
问:　　他　女儿　今年　几　岁　了?

　　　　sì　suì　　　　　　　wǔ　suì　　　　　　　liù　suì
　　A 四 岁　　　　**B** 五 岁　　　　**C** 六 岁 ✓

　　　　wǔ　diǎn　　　　　　qī　diǎn　　　　　　　jiǔ　diǎn
16.　**A** 五 点　　　　**B** 七 点　　　　**C** 九 点

　　　　shuǐ　　　　　　　　chá　　　　　　　　　cài
17.　**A** 水　　　　　　**B** 茶　　　　　　**C** 菜

　　　　yì　běn　　　　　　　wǔ　běn　　　　　　　liù　běn
18.　**A** 一 本　　　　**B** 五 本　　　　**C** 六 本

　　　　shuō　Hànyǔ　　　　zuò　cài　　　　　　xiě　zì
19.　**A** 说 汉语　　　**B** 做 菜　　　　**C** 写 字

　　　　yí　ge　　　　　　　sān　ge　　　　　　　sì　ge
20.　**A** 一 个　　　　**B** 三 个　　　　**C** 四 个

二、阅读

第一部分

第21-25题

例如：		shǎo 少	✗
		mǐfàn 米饭	✓
21.		lǎoshī 老师	
22.		zàijiàn 再见	
23.		fàndiàn 饭店	
24.		shū 书	
25.		māo 猫	

第二部分

第26-30题

A

B

C

D

E

F

Wǒ hěn xǐhuan zhège yǐzi.
例如： 我 很 喜欢 这个 椅子。 B

Jiā li méiyǒu rén.
26. 家 里 没有 人。 ☐

Tā xǐhuan māo.
27. 她 喜欢 猫。 ☐

Tā zài kàn shū.
28. 他 在 看 书。 ☐

Wǒ zuò chūzūchē qù shāngdiàn.
29. 我 坐 出租车 去 商店。 ☐

Zhuōzi shang yǒu yìxiē qián.
30. 桌子 上 有 一些 钱。 ☐

第三部分

第31-35题

例如：谢谢 王 老师。 **F**　　A 没 关系。

31. 昨天 下 雨 了 吗？　　☐　　B 下 了。

32. 喂，是 钟 小姐 吗？　　☐　　C 是 我 的 朋友。

33. 坐 在 你 前面 的 是 谁？　　☐　　D 电视 后面。

34. 对不起，我 不 会 做 饭。　　☐　　E 是 的，你 是 李 先生 吗？

35. 我 的 电脑 在 哪儿？　　☐　　F 不 客气。

第四部分

第36-40题

	xiě	rènshi	Běijīng	zhù	piàoliang	lěng
	A 写	**B** 认识	**C** 北京	**D** 住	**E** 漂亮	**F** 冷

例如：Wǒ yí ge rén
我 一 个 人（ **D** ）。

36. Nǐ nǚ'ér hěn
    你 女儿 很（　　）。

37. 男：Nǐ míngtiān qù nǎr?
    你 明天 去 哪儿？
    女：Wǒ míngtiān huí
    我 明天 回（　　）。

38. Nǐ zhège xuésheng ma?
    你（　　）这个 学生 吗？

39. 男：Jīntiān tiānqì zěnmeyàng?
    今天 天气 怎么样？
    女：Hěn
    很（　　）。

40. Wǒ huì wǒ de míngzi.
    我 会（　　）我 的 名字。

新汉语水平考试
HSK（一级）
模拟考试 2

注　意

一、　HSK（一级）分两部分：

　　1. 听力(20题，约15分钟)

　　2. 阅读(20题，17分钟)

二、　听力结束后，有3分钟填写答题卡。

三、　全部考试约40分钟(含考生填写个人信息时间5分钟)。

一、听力

第一部分

第1-5题

例如:		×
		✓
1.		
2.		
3.		
4.		
5.		

第二部分

第6-10题

例如：	 A ✓	 B	 C
6.	 A	 B	 C
7.	 A	 B	 C

8.	 A	 B	 C
9.	 A	 B	 C
10.	 A	 B	 C

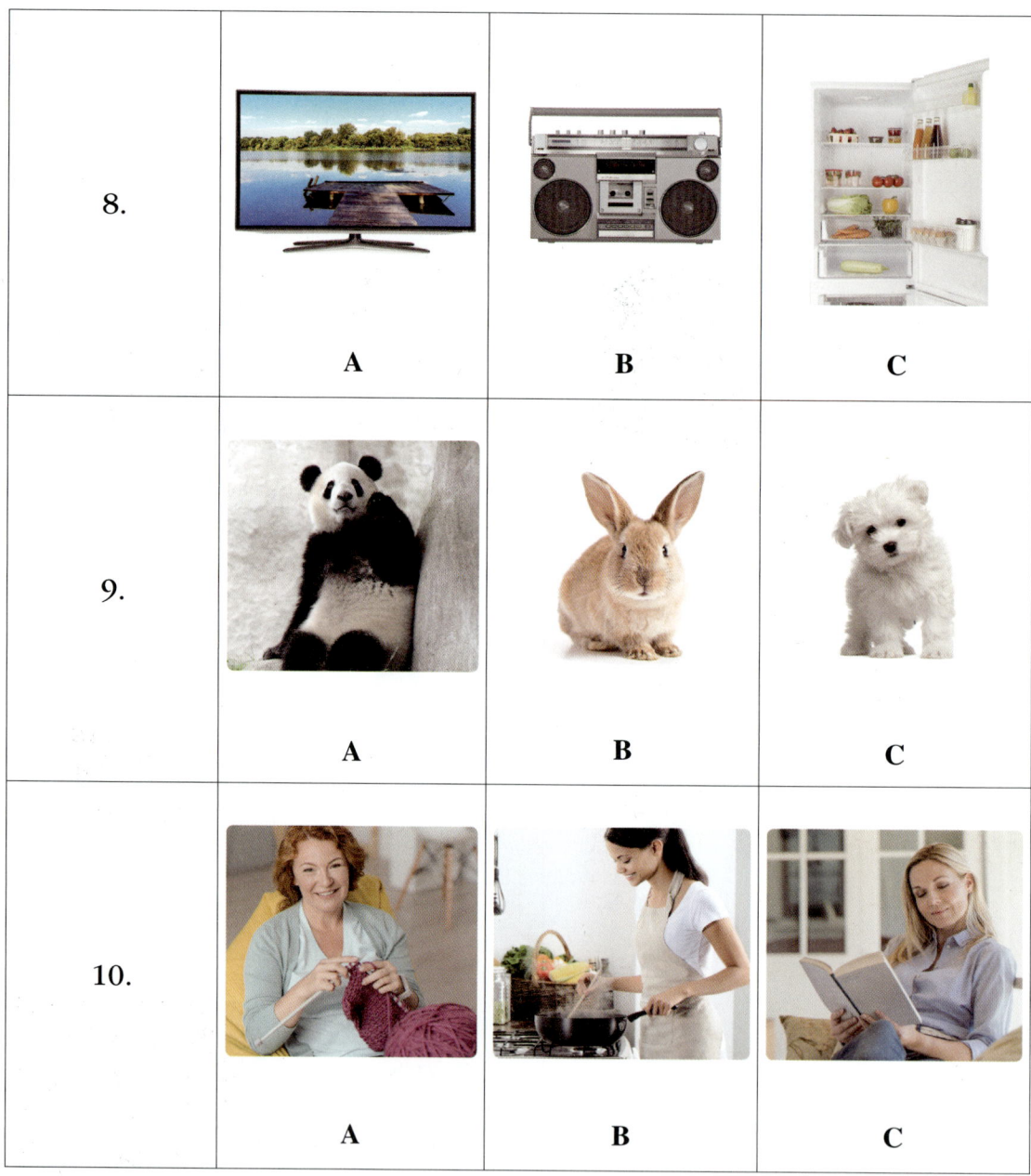

第三部分

第11-15题

A	(photo)	B	(photo)
C	(photo)	D	(photo)
E	(photo)	F	(photo)

Lìrú　　　　Nǐ hǎo!
例如：男：你 好！

　　　　　Nǐ hǎo! Hěn gāoxìng rènshi nǐ.
　　　女：你 好！ 很 高兴 认识 你。　　　　　E

11.　　　　　　　　　　　　　　　　☐

12.　　　　　　　　　　　　　　　　☐

13.　　　　　　　　　　　　　　　　☐

14.　　　　　　　　　　　　　　　　☐

15.　　　　　　　　　　　　　　　　☐

第四部分

第16-20题

Wǒ nǚ'ér hěn xiǎo, jīnnián liù suì.
例如：我 女儿 很 小，今年 六 岁。

Tā nǚ'ér jīnnián jǐ suì le?
问：他 女儿 今年 几 岁 了？

sì suì **A** 四 岁	wǔ suì **B** 五 岁	liù suì **C** 六 岁 ✓

16.	shàngwǔ **A** 上午	zhōngwǔ **B** 中午	xiàwǔ **C** 下午
17.	píngguǒ **A** 苹果	yīfu **B** 衣服	zhuōzi **C** 桌子
18.	yí ge **A** 一 个	liǎng ge **B** 两 个	sān ge **C** 三 个
19.	xuéxiào **A** 学校	shāngdiàn **B** 商店	yīyuàn **C** 医院
20.	zuò chūzūchē **A** 坐 出租车	zuò huǒchē **B** 坐 火车	zuò fēijī **C** 坐 飞机

二、阅读

第一部分

第21-25题

例如:		sh ǎo 少	✗
		mǐfàn 米饭	✓
21.		xià yǔ 下 雨	
22.		qián 钱	
23.		kàn 看	
24.		zuò 坐	
25.		xiě 写	

第二部分

第26-30题

A 
B 
C 
D 
E 
F

例如： Wǒ hěn xǐhuan zhège yǐzi.
我 很 喜欢 这个 椅子。   B

26. Huí jiā de shíhou xià yǔ le.
回 家 的 时候 下 雨 了。

27. Tāmen zài shuōhuà.
他们 在 说话。

28. Wǒ xiànzài hěn gāoxìng.
我 现在 很 高兴。

29. Tā xǐhuan chī Zhōngguó cài.
她 喜欢 吃 中国 菜。

30. Wǒ hé tóngxué zài shāngdiàn mǎi dōngxi.
我 和 同学 在 商店 买 东西。

第三部分

第31-35题

例如：Xièxie Wáng lǎoshī.
谢谢 王 老师。 **F**

A　Wǒ shì lǎoshī.
　我 是 老师。

31. Zhèxiē shuǐguǒ duōshao qián?
    这些 水果 多少 钱？ ☐

B　Kāichē.
　开车。

32. Nǐ érzi jǐ suì le?
    你 儿子 几 岁 了？ ☐

C　Qī kuài.
　七 块。

33. Tā zěnme qù yīyuàn?
    他 怎么 去 医院？ ☐

D　Wǒ xuésheng qù le.
　我 学生 去 了。

34. Nǐ zuò shénme gōngzuò?
    你 做 什么 工作？ ☐

E　Bā suì.
　八 岁。

35. Shéi qù qǐng Lǐ lǎoshī le?
    谁 去 请 李 老师 了？ ☐

F　Bú kèqi.
　不 客气。

第四部分

第36-40题

péngyou　jǐ　míngzi　zhù　zěnmeyàng　méi guānxi
A 朋友　**B** 几　**C** 名字　**D** 住　**E** 怎么样　**F** 没 关系

Wǒ yí ge rén
例如：我 一 个 人（ **D** ）。

Nàge zhuōzi shang yǒu　běn shū?
36. 男：那个 桌子 上 有（　　）本 书？
Yǒu wǔ běn .
女：有 五 本。

Duìbuqǐ, jīntiān wǒ bù néng hé nǐ qù mǎi bēizi le.
37. 男：对不起，今天 我 不 能 和 你 去 买 杯子 了。

女：（　　）。

Nǐ rènshi nàge piàoliang de xiǎojiě ma?
38. 男：你 认识 那个 漂亮 的 小姐 吗？
Rènshi, tā shì wǒ
女：认识，她 是 我（　　）。

Tā jiào shénme
39. 男：她 叫 什么（　　）？
Tā jiào Lǐ Yǔ.
女：她 叫 李 雨。

Nǐ de Hànyǔ
40. 女：你 的 汉语（　　）？
Bú tài hǎo.
男：不 太 好。

新汉语水平考试
HSK（一级）
模拟考试 3

注　意

一、　HSK（一级）分两部分：

　　1. 听力(20题，约15分钟)

　　2. 阅读(20题，17分钟)

二、　听力结束后，有3分钟填写答题卡。

三、　全部考试约40分钟(含考生填写个人信息时间5分钟)。

一、听力

第一部分

第1-5题

例如：		✗
		✓
1.		
2.		
3.		
4.		
5.		

第二部分

第6-10题

例如：	A ✓	B	C
6.	A	B	C
7.	A	B	C

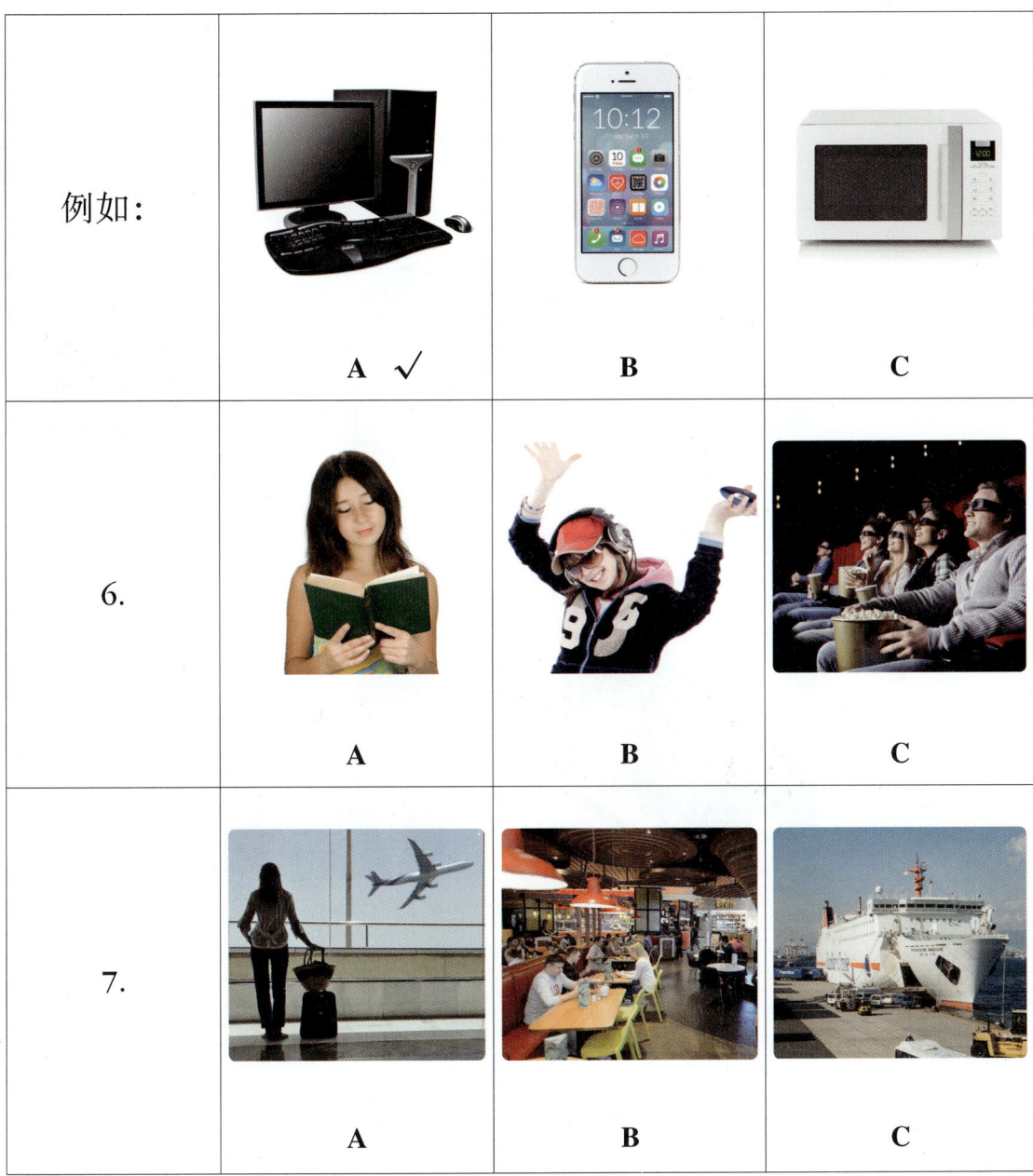

	A	B	C
8.	A	B	C
9.	A	B	C
10.	A	B	C

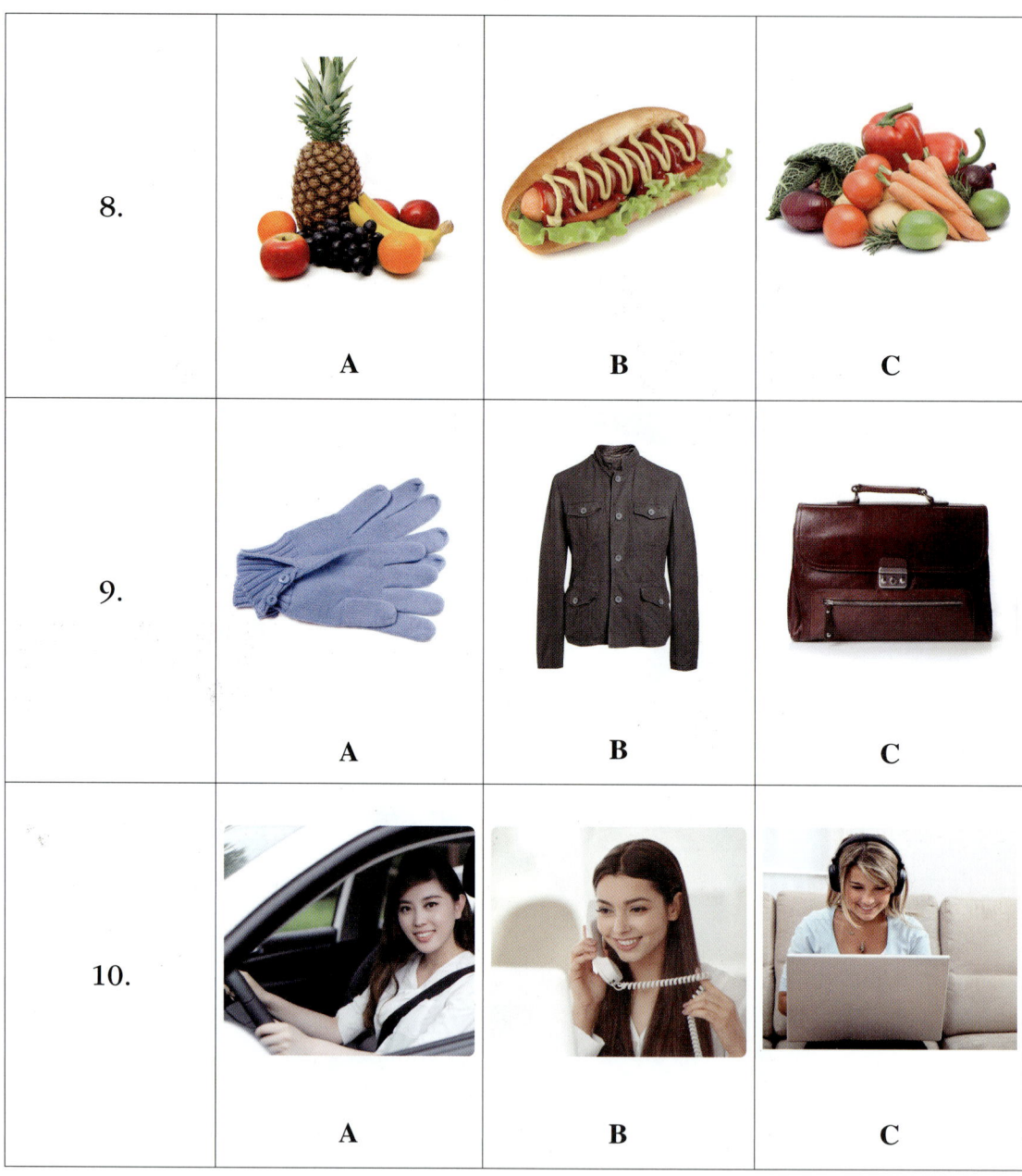

第三部分

第11-15题

A

B

C

D

E

F

Lìrú　　　　Nǐ hǎo!
例如：　男：你 好！

　　　　　　Nǐ hǎo! Hěn gāoxìng rènshi nǐ.
　　　　女：你 好！很 高兴 认识 你。　　　　E

11. ☐

12. ☐

13. ☐

14. ☐

15. ☐

第四部分

第16-20题

例如：
Wǒ nǚ'ér hěn xiǎo, jīnnián liù suì.
我 女儿 很 小，今年 六 岁。

Tā nǚ'ér jīnnián jǐ suì le?
问：他 女儿 今年 几 岁 了？

sì suì A 四 岁	wǔ suì B 五 岁	liù suì C 六 岁 ✓

16.	sān ge A 三 个	sì ge B 四 个	wǔ ge C 五 个
17.	zuò fēijī A 坐 飞机	zuò chūzūchē B 坐 出租车	kāichē C 开车
18.	chá A 茶	cài B 菜	shuǐguǒ C 水果
19.	wǔ fēnzhōng A 五 分钟	shí fēnzhōng B 十 分钟	shíwǔ fēnzhōng C 十五 分钟
20.	māma A 妈妈	bàba B 爸爸	érzi C 儿子

二、阅读

第一部分

第21-25题

例如：		shǎo 少	✗
		mǐfàn 米饭	✓
21.		chī 吃	
22.		diànshì 电视	
23.		fēijī 飞机	
24.		Zhōngguó 中国	
25.		érzi 儿子	

第二部分

第26-30题

A

B

C

D

E

F

Wǒ hěn xǐhuan zhège yǐzi.
例如： 我 很 喜欢 这个 椅子。 B

Zhèr yǒu sì ge píngguǒ.
26. 这儿 有 四 个 苹果。 ☐

Xiǎo Míng hěn gāoxìng.
27. 小 明 很 高兴。 ☐

Xuéshengmen zài dúshū.
28. 学生们 在 读书。 ☐

Zhèr yǒu yí ge piàoliang de bēizi.
29. 这儿 有 一 个 漂亮 的 杯子。 ☐

Jīntiān yīntiān.
30. 今天 阴天。 ☐

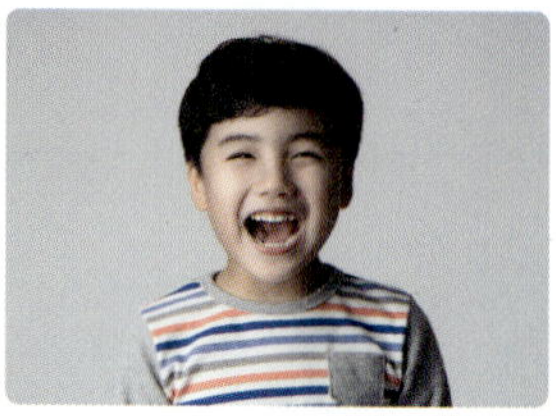

第三部分

第31-35题

例如：Xièxie Wáng lǎoshī.
谢谢 王 老师。 **F**

A Xǐhuan.
喜欢。

31. Nǐ xǐhuan māo ma?
你 喜欢 猫 吗？ ☐

B Tài xiǎo le.
太 小 了。

32. Zuótiān shì xīngqī jǐ?
昨天 是 星期 几？ ☐

C Chá
茶。

33. Yīfu zěnmeyàng?
衣服 怎么样？ ☐

D Xīngqīsān.
星期三。

34. Nǐ qù xuéxiào ma?
你 去 学校 吗？ ☐

E Bú qù.
不 去。

35. Nǐ zài shāngdiàn mǎile shénme?
你 在 商店 买了 什么？ ☐

F Bú kèqi.
不 客气。

第四部分

第36-40题

duōshao	mǎi	bù	zhù	jǐ	shénme
A 多少	**B** 买	**C** 不	**D** 住	**E** 几	**F** 什么

Wǒ yí ge rén
例如：我 一 个 人（ **D** ）。

Míngtiān xiàwǔ nǐ zài jiā ma?
36. 男：明天 下午 你 在 家 吗？
Wǒ zài jiā.
女：我（ ）在 家。

Zhège yǐzi qián?
37. 男：这个 椅子（ ）钱？
Zhège yǐzi jiǔshí kuài.
女：这个 椅子 九十 块。

Nǐmen diǎn qù yīyuàn?
38. 男：你们（ ）点 去 医院？
Wǒmen xiàwǔ sān diǎn qù yīyuàn.
女：我们 下午 三 点 去 医院。

Nǐ jīntiān le jǐ běn shū?
39. 男：你 今天（ ）了 几 本 书？
Sì běn shū.
女：四 本 书。

Nǐ shíhou qù Běijīng?
40. 女：你（ ）时候 去 北京？
Wǒ míngtiān qù Běijīng.
男：我 明天 去 北京。

新汉语水平考试
HSK（一级）
模拟考试 4

注　意

一、　HSK（一级）分两部分：

　　1. 听力(20题，约15分钟)

　　2. 阅读(20题，17分钟)

二、　听力结束后，有3分钟填写答题卡。

三、　全部考试约40分钟(含考生填写个人信息时间5分钟)。

一、听力

第一部分

第1-5题

例如：		✗
		✓
1.		
2.		
3.		
4.		
5.		

第二部分

第6-10题

例如：	 A ✓	 B	 C
6.	 A	 B	 C
7.	 A	 B	 C

8.	 A	 B	 C
9.	 A	 B	 C
10.	 A	 B	 C

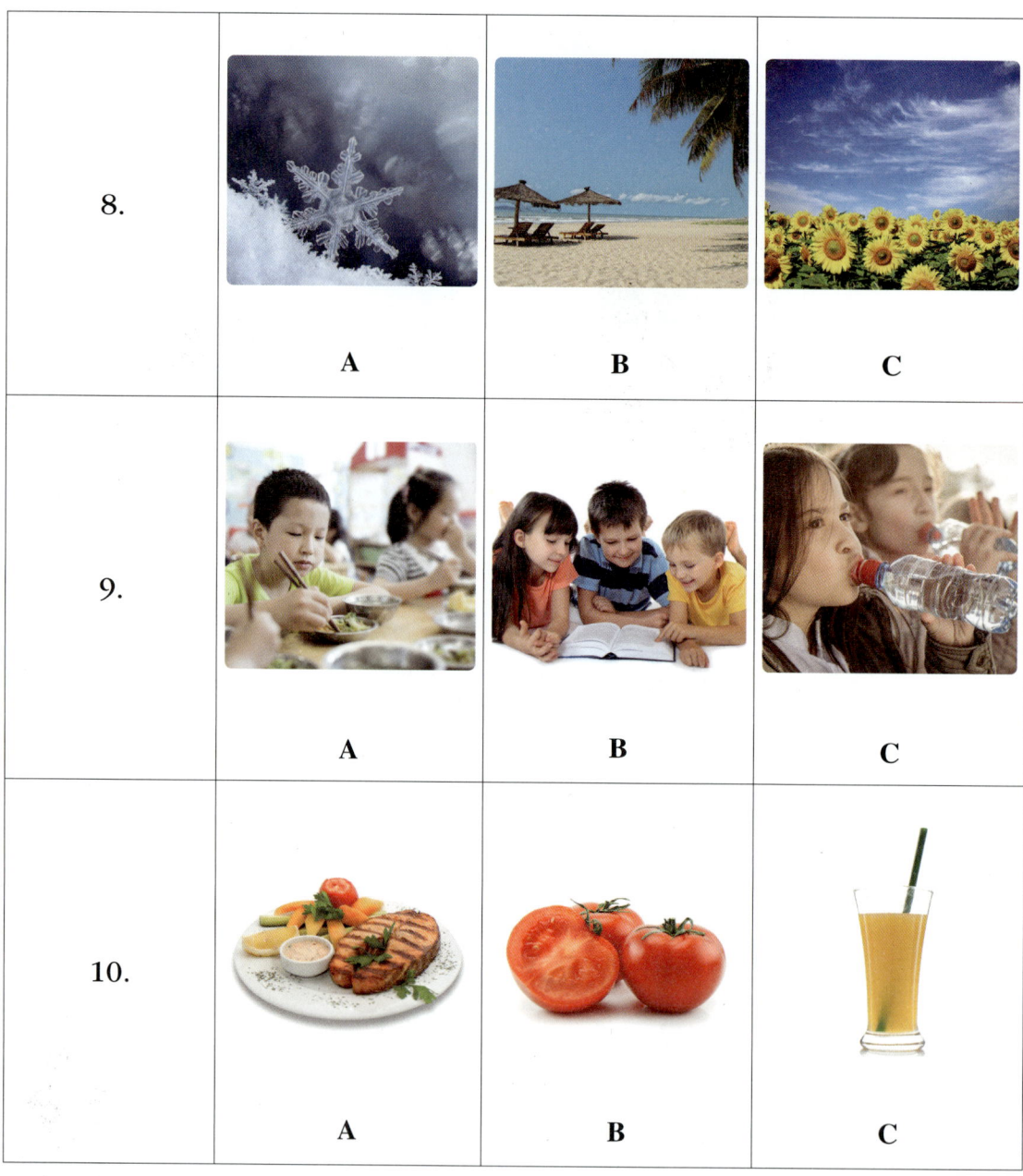

第三部分

第11-15题

A

B

C

D

E

F

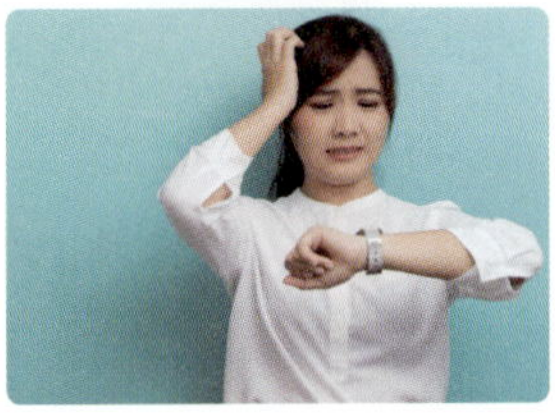

Lìrú　　　Nǐ hǎo!
例如：　男：你 好！

　　　　　Nǐ hǎo! Hěn gāoxìng rènshi nǐ.
　　　　女：你 好！ 很 高兴 认识 你。　　E

11. ☐

12. ☐

13. ☐

14. ☐

15. ☐

第四部分

第16-20题

例如:
Wǒ nǚ'ér hěn xiǎo, jīnnián liù suì.
我 女儿 很 小, 今年 六 岁。

问: Tā nǚ'ér jīnnián jǐ suì le?
他 女儿 今年 几 岁 了?

A sì suì 四 岁　　B wǔ suì 五 岁　　C liù suì 六 岁 ✓

16. A zuò chūzūchē 坐 出租车　　B kāichē 开车　　C zuò fēijī 坐 飞机

17. A xīngqī'èr 星期二　　B xīngqīsān 星期三　　C xīngqīsì 星期四

18. A fàndiàn 饭店　　B shāngdiàn 商店　　C xuéxiào 学校

19. A gōngzuò 工作　　B shuìjiào 睡觉　　C xuéxí 学习

20. A bàba 爸爸　　B tóngxué 同学　　C māma 妈妈

二、阅读

第一部分

第21-25题

例如：		shǎo 少	×
		mǐfàn 米饭	√
21.		tīng 听	
22.		shū 书	
23.		zhuōzi 桌子	
24.		xià yǔ 下 雨	
25.		shuìjiào 睡觉	

第二部分

第26-30题

A

B

C

D

E

F

例如： Wǒ hěn xǐhuan zhège yǐzi.
我 很 喜欢 这个 椅子。 B

26. Tā zài hē chá.
他 在 喝 茶。 □

27. Wǒmen kāichē qù Běijīng.
我们 开车 去 北京。 □

28. Míngtiān shì xīngqīliù, wǒ xiǎng qù kàn diànyǐng.
明天 是 星期六，我 想 去 看 电影。 □

29. Tā zài xuéxí ne.
她 在 学习 呢。 □

30. Bàba mǎile hěn duō shuǐguǒ.
爸爸 买了 很 多 水果。 □

第三部分

第31-35题

例如：	Xièxie Wáng lǎoshī. 谢谢 王 老师。	F	A Qù fàndiàn le. 去 饭店 了。
31.	Nǐ jǐ diǎn qù mǎi diànnǎo? 你 几 点 去 买 电脑？		B Shì de. 是 的。
32.	Zhège xuéxiào yǒu duōshao rén? 这个 学校 有 多少 人？		C Wǔshí ge. 五十 个。
33.	Zuótiān nǐ qù nǎli le? 昨天 你 去 哪里 了？		D Méiyǒu. 没有。
34.	Nǐ kànjiàn nàge māo le ma? 你 看见 那个 猫 了 吗？		E Qī diǎn. 七 点。
35.	Nǐ shì yí ge rén lái Zhōngguó de ma? 你 是 一 个 人 来 中国 的 吗？		F Bú kèqi. 不 客气。

第四部分

第36-40题

dú	qián	wéi	zhù	dōu	piàoliang
A 读	**B** 钱	**C** 喂	**D** 住	**E** 都	**F** 漂亮

Wǒ yí ge rén
例如：我 一 个 人（ **D** ）。

Wǒ de tóngxué shì Zhōngguórén.
36. 我 的 同学（ ）是 中国人。

Nǐ de péngyou hěn
37. 你 的 朋友 很（ ）。

Wǒ méiyǒu bù néng mǎi le.
38. 我 没有（ ），不 能 买 了。

Nǐ huì zhège Hànzì ma?
39. 男：你 会（ ）这个 汉字 吗？

Duìbuqǐ, wǒ bú huì.
女：对不起，我 不 会。

nǐ zài gōngzuò ma?
40. 女：（ ），你 在 工作 吗？

Shì de, xiàwǔ gěi nǐ huí diànhuà.
男：是 的，下午 给 你 回 电话。

新汉语水平考试
HSK（一级）
模拟考试 5

注　意

一、　HSK（一级）分两部分：

　　1. 听力(20题，约15分钟)

　　2. 阅读(20题，17分钟)

二、　听力结束后，有3分钟填写答题卡。

三、　全部考试约40分钟(含考生填写个人信息时间5分钟)。

一、听力

第一部分

第1-5题

例如：		✗
		✓
1.		
2.		
3.		
4.		
5.		

第二部分

第6-10题

例如：	 A √	 B	 C
6.	 A	 B	 C
7.	 A	 B	 C

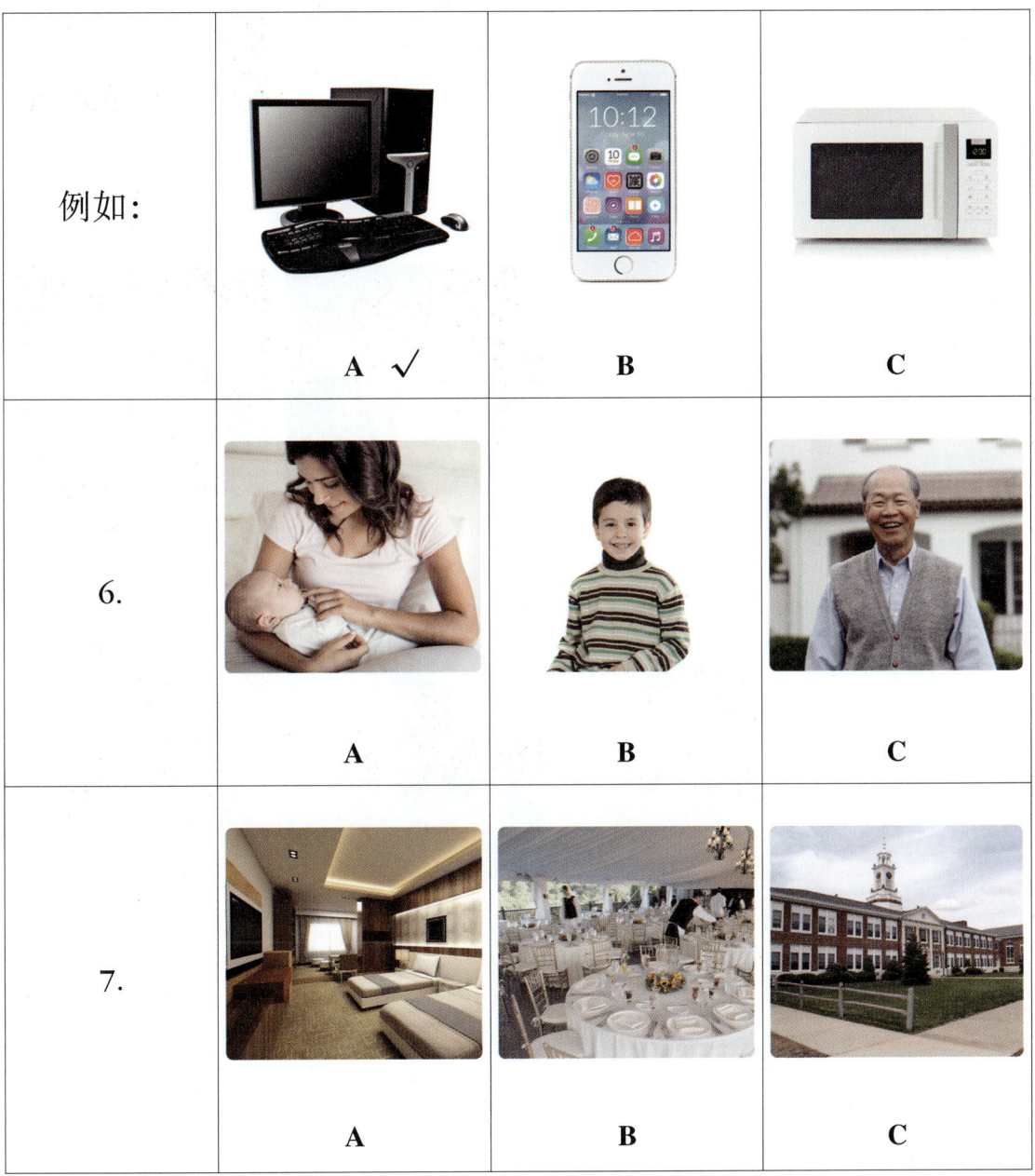

8.	 A	 B	 C
9.	 A	 B	 C
10.	 A	 B	 C

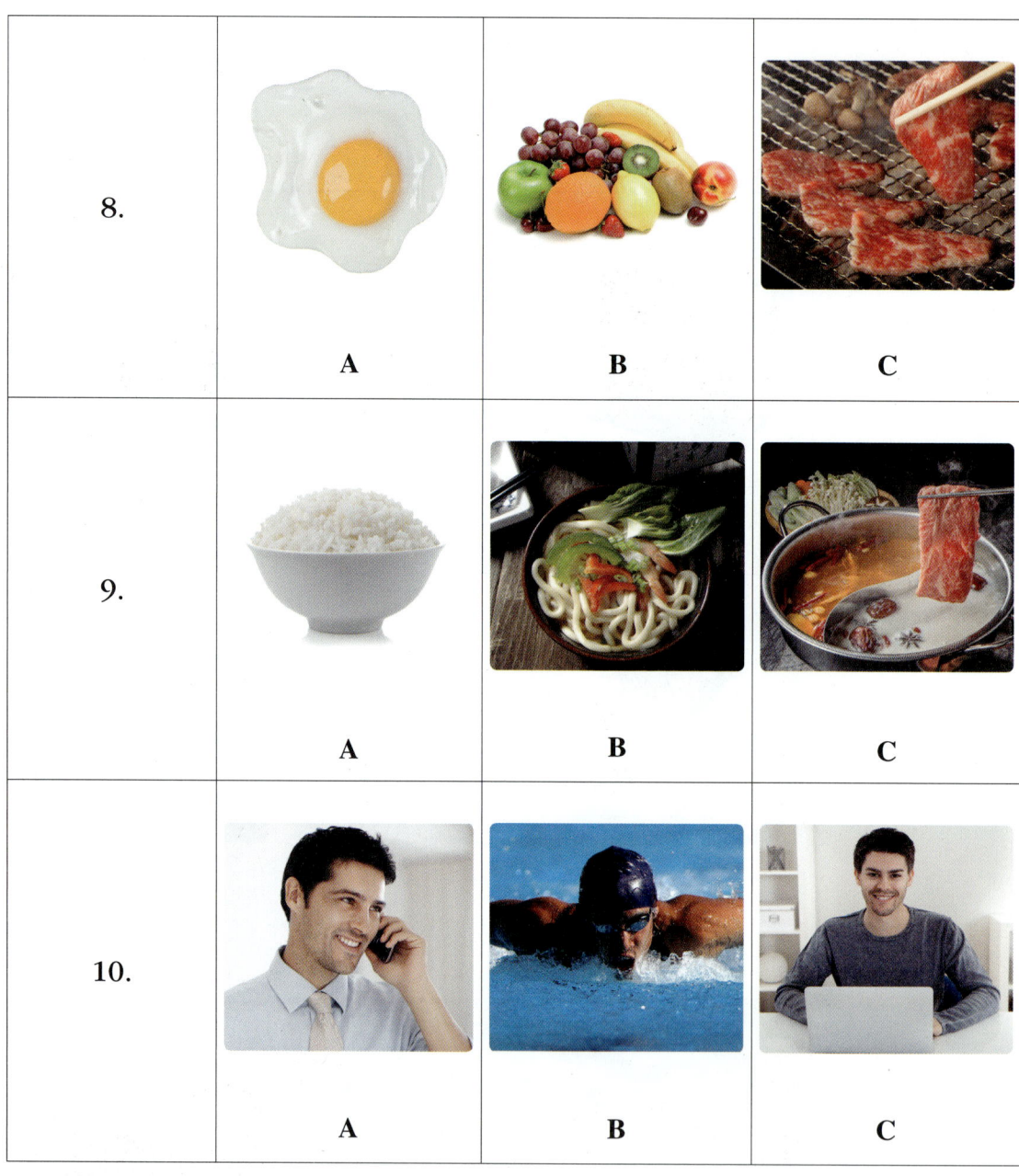

第三部分

第11-15题

A		B	
C		D	
E		F	

Lìrú　　　　Nǐ hǎo!
例如：男：你 好！

　　　　　Nǐ hǎo!　Hěn gāoxìng rènshi nǐ.
　　　女：你 好！ 很 高兴 认识 你。　　　　　[E]

11.　　　　　　　　　　　　　　　　　[   ]

12.　　　　　　　　　　　　　　　　　[   ]

13.　　　　　　　　　　　　　　　　　[   ]

14.　　　　　　　　　　　　　　　　　[   ]

15.　　　　　　　　　　　　　　　　　[   ]

第四部分

第16-20题

例如： Wǒ nǚ'ér hěn xiǎo, jīnnián liù suì.
我 女儿 很 小， 今年 六 岁。

问： Tā nǚ'ér jīnnián jǐ suì le?
他 女儿 今年 几 岁 了？

A sì suì 四 岁　　B wǔ suì 五 岁　　C liù suì 六 岁 ✓

16. A mǎi cài 买 菜　　B mǎi fàn 买 饭　　C mǎi chá 买 茶

17. A yī yuè èrshíwǔ 一 月 二十五　　B yī yuè èrshíqī 一 月 二十七　　C yī yuè èrshíjiǔ 一 月 二十九

18. A kàn diànyǐng 看 电影　　B chī fàn 吃 饭　　C jiàn péngyou 见 朋友

19. A zuò fēijī 坐 飞机　　B zuò chē 坐 车　　C kāichē 开车

20. A mǎi dōngxi 买 东西　　B gōngzuò 工作　　C xuéxí 学习

二、阅读

第一部分

第21-25题

例如:		shǎo 少	×
		mǐfàn 米饭	✓
21.		yóuyǒng 游泳	
22.		lěng 冷	
23.		xiānsheng 先生	
24.	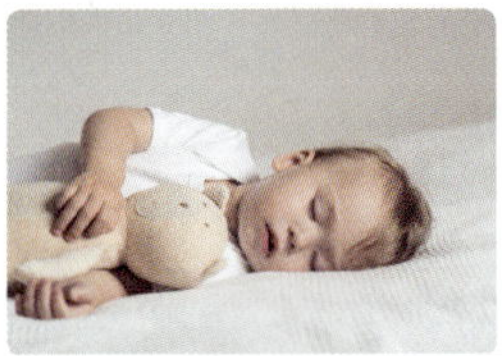	shuìjiào 睡觉	
25.		gǒu 狗	

第二部分

第26-30题

A

B

C

D

E

F

Wǒ hěn xǐhuan zhège yǐzi.
例如： 我 很 喜欢 这个 椅子。 [B]

Wǒ xiǎng mǎi yí ge bēizi.
26. 我 想 买 一 个 杯子。 [ ]

Tā zài xiě zì.
27. 她 在 写 字。 [ ]

Tā zài yīyuàn gōngzuò, shì yì míng yīshēng.
28. 他 在 医院 工作，是 一 名 医生。 [ ]

Jīntiān rènshile xīn tóngxué, wǒ hěn gāoxìng.
29. 今天 认识了 新 同学，我 很 高兴。 [ ]

Lǎoshī zài gěi xuésheng shàngkè.
30. 老师 在 给 学生 上课。 [ ]

第三部分

第31-35题

例如：谢谢 王 老师。 **F**

A 坐 车 去。

31. 你 在 做 什么？ ☐

B 太 热 了。

32. 今天 天气 怎么样？ ☐

C 11 点 钟。

33. 电脑 多少 钱？ ☐

D 我 在 吃 饭。

34. 你 什么 时候 下 飞机？ ☐

E 八十 块。

35. 你 今天 怎么 去 学校？ ☐

F 不 客气。

第四部分

第36-40题

qǐng	diànnǎo	shéi	zhù	mǎi	le
A 请	**B** 电脑	**C** 谁	**D** 住	**E** 买	**F** 了

Wǒ yí ge rén
例如：我 一 个 人（ **D** ）。

Tā zuótiān kànle yì tiān
36. 她 昨天 看了 一 天（ ）。

Wǒ xiǎng qù yí ge yǐzi.
37. 我 想 去（ ）一 个 椅子。

Xuéshengmen dōu huí jiā
38. 学生们 都 回 家（ ）。

Xièxie nǐ wǒ chī fàn.
39. 女：谢谢 你（ ）我 吃 饭。

Bú kèqi.
男：不 客气。

Zhè shì de bēizi?
40. 男：这 是（ ）的 杯子？

Zhè shì Wáng lǎoshī de bēizi.
女：这 是 王 老师 的 杯子。

新汉语水平考试
HSK（一级）
模拟考试 6

注　意

一、　HSK（一级）分两部分：

　　1. 听力(20题，约15分钟)

　　2. 阅读(20题，17分钟)

二、　听力结束后，有3分钟填写答题卡。

三、　全部考试约40分钟(含考生填写个人信息时间5分钟)。

一、听力

第一部分

第1-5题

例如：		✗
		✓
1.		
2.		
3.	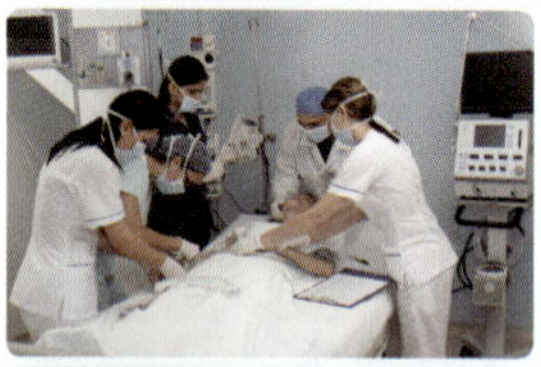	
4.		
5.		

第二部分

第6-10题

例如：	 **A** √	 **B**	 **C**
6.	 **A**	 **B**	 **C**
7.	 **A**	 **B**	 **C**

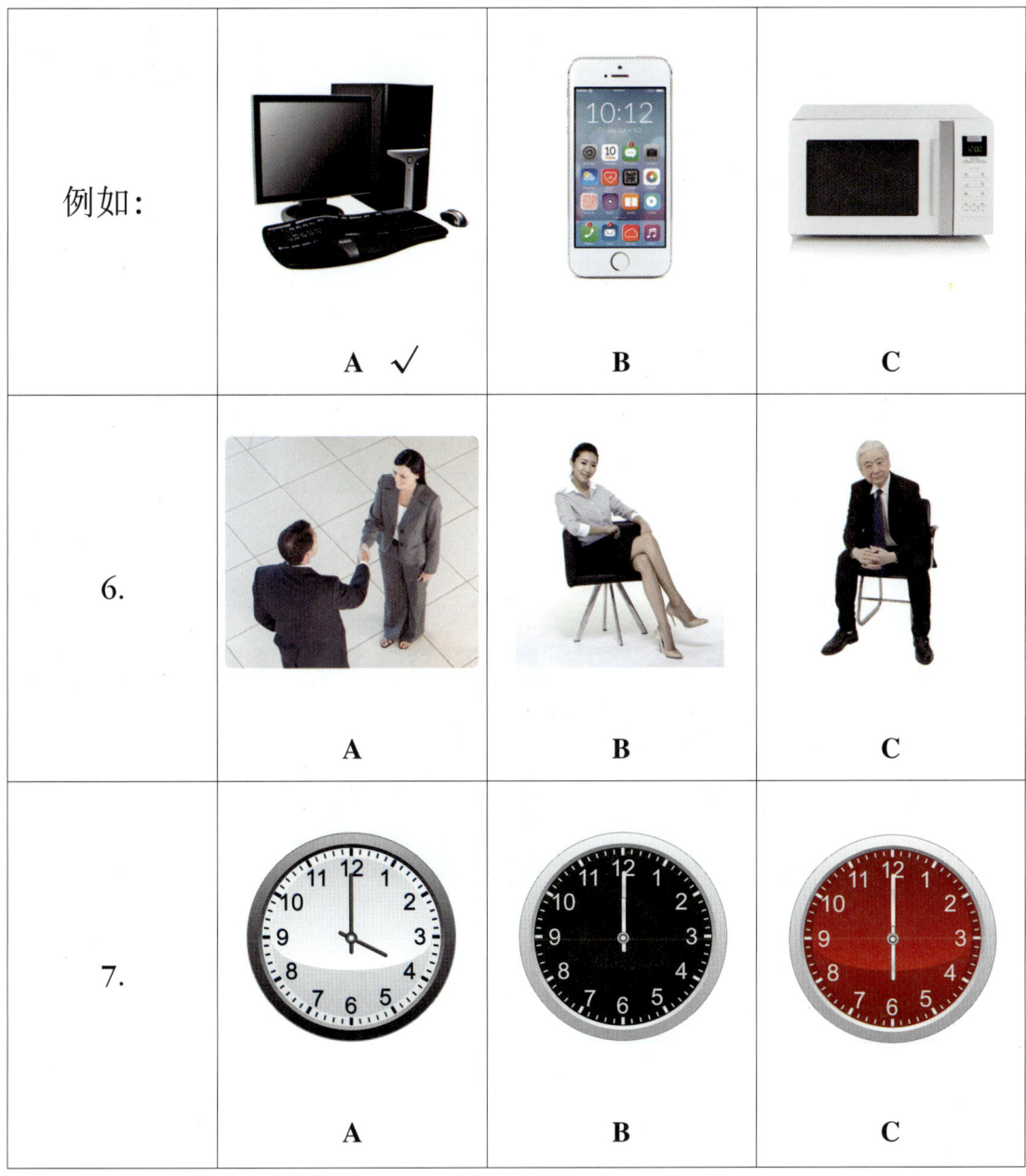

8.	 A	 B	 C
9.	 A	 B	 C
10.	 A	 B	 C

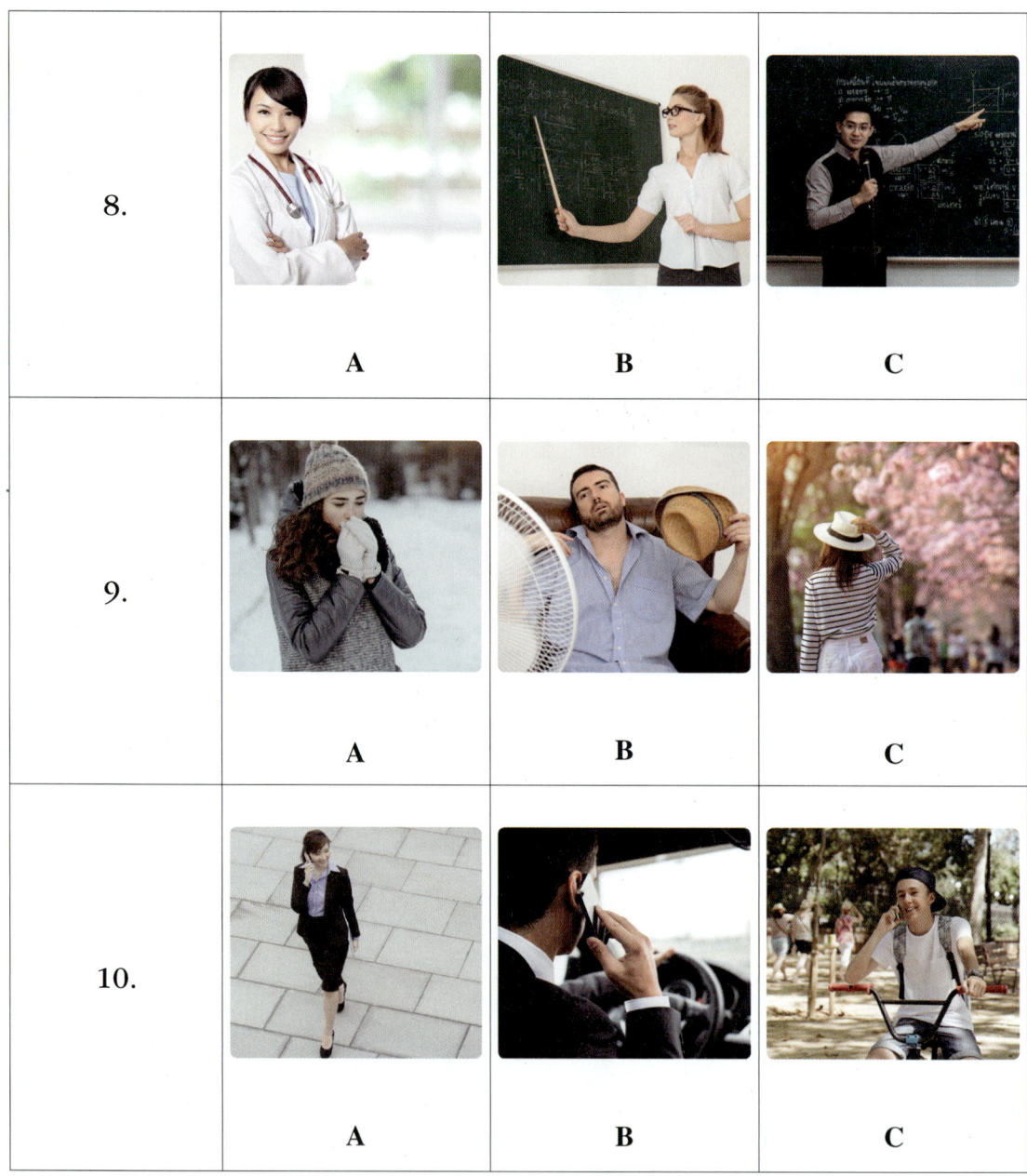

第三部分

第11-15题

A 
B 
C 
D 
E 
F

Lìrú　　　　Nǐ hǎo!
例如：男：你 好！

　　　　　　Nǐ hǎo!　Hěn gāoxìng rènshi nǐ.
　　　女：你 好！ 很 高兴 认识 你。　　　　E

11.

12.

13.

14.

15.

第四部分

第16-20题

例如：
Wǒ nǚ'ér hěn xiǎo, jīnnián liù suì.
我 女儿 很 小， 今年 六 岁。

Tā nǚ'ér jīnnián jǐ suì le?
问：他 女儿 今年 几 岁 了？

sì suì **A** 四 岁	wǔ suì **B** 五 岁	liù suì **C** 六 岁 ✓

16.	nián **A** 1年	nián **B** 3年	nián **C** 5年
17.	shāngdiàn **A** 商店	xuéxiào **B** 学校	yīyuàn **C** 医院
18.	zhuōzi **A** 桌子	yǐzi **B** 椅子	zhuōzi hé yǐzi **C** 桌子 和 椅子
19.	xià yǔ **A** 下 雨	hěn lěng **B** 很 冷	hěn rè **C** 很 热
20.	xīngqīsān **A** 星期三	xīngqīsì **B** 星期四	xīngqīwǔ **C** 星期五

二、阅读

第一部分

第21-25题

例如：		shǎo 少	✗
		mǐfàn 米饭	✓
21.		diànhuà 电话	
22.		bēizi 杯子	
23.		yīshēng 医生	
24.		tīng 听	
25.		xià yǔ 下 雨	

第二部分

第26-30题

A

B

C

D

E

F

例如： Wǒ hěn xǐhuan zhège yǐzi.
我 很 喜欢 这个 椅子。   B

26. Lǐ Míng jīntiān hěn gāoxìng.
李 明 今天 很 高兴。

27. Tā zài xiě zì.
她 在 写 字。

28. Māma xǐhuan tā de gōngzuò.
妈妈 喜欢 她 的 工作。

29. Wǒ érzi ài kàn diànshì.
我 儿子 爱 看 电视。

30. Qǐng hē chá.
请 喝 茶。

第三部分

第31-35题

例如：	Xièxie Wáng lǎoshī. 谢谢 王 老师。	F	A Zhōngguó cài. 中国 菜。
31.	Nǐ zhù nǎr? 你 住 哪儿？		B běn. 3本。
32.	Nǐ ài chī shénme cài? 你 爱 吃 什么 菜？		C 0972681688。
33.	Nǐ de diànhuà shì duōshao? 你 的 电话 是 多少？		D Běijīng. 北京。
34.	Zhèr yǒu jǐ běn shū? 这儿 有 几 本 书？		E Bù, tā shì lǎoshī. 不，他 是 老师。
35.	Nǐ bàba shì yīshēng ma? 你 爸爸 是 医生 吗？		F Bú kèqi. 不 客气。

第四部分

第36-40题

gǒu	ma	méi guānxi	zhù	rènshi	lái
A 狗	**B** 吗	**C** 没 关系	**D** 住	**E** 认识	**F** 来

　　Wǒ yí ge rén
例如：我 一 个 人（ **D** ）。

　　Wǒ de xuésheng hěn xǐhuan
36. 我 的 学生 很 喜欢（　　）。

　　Duìbuqǐ!
37. 男：对不起！

　　女：（　　）。

　　Nǐ shénme shíhou ne?
38. 你 什么 时候（　　）呢?

　　Wǒ tā.
39. 我（　　）她。

　　Qǐngwèn, Wáng xiǎojiě zài jiā
40. 请问，王 小姐 在 家（　　）？

新汉语水平考试
HSK（一级）
模拟考试 7

注　意

一、　HSK（一级）分两部分：

　　1. 听力(20题，约15分钟)

　　2. 阅读(20题，17分钟)

二、　听力结束后，有3分钟填写答题卡。

三、　全部考试约40分钟(含考生填写个人信息时间5分钟)。

一、听力
第一部分

第1-5题

例如：		✗
		✓
1.		
2.		
3.		
4.		
5.		

第二部分

第6-10题

例如：	A √	B	C
6.	A	B	C
7.	A	B	C

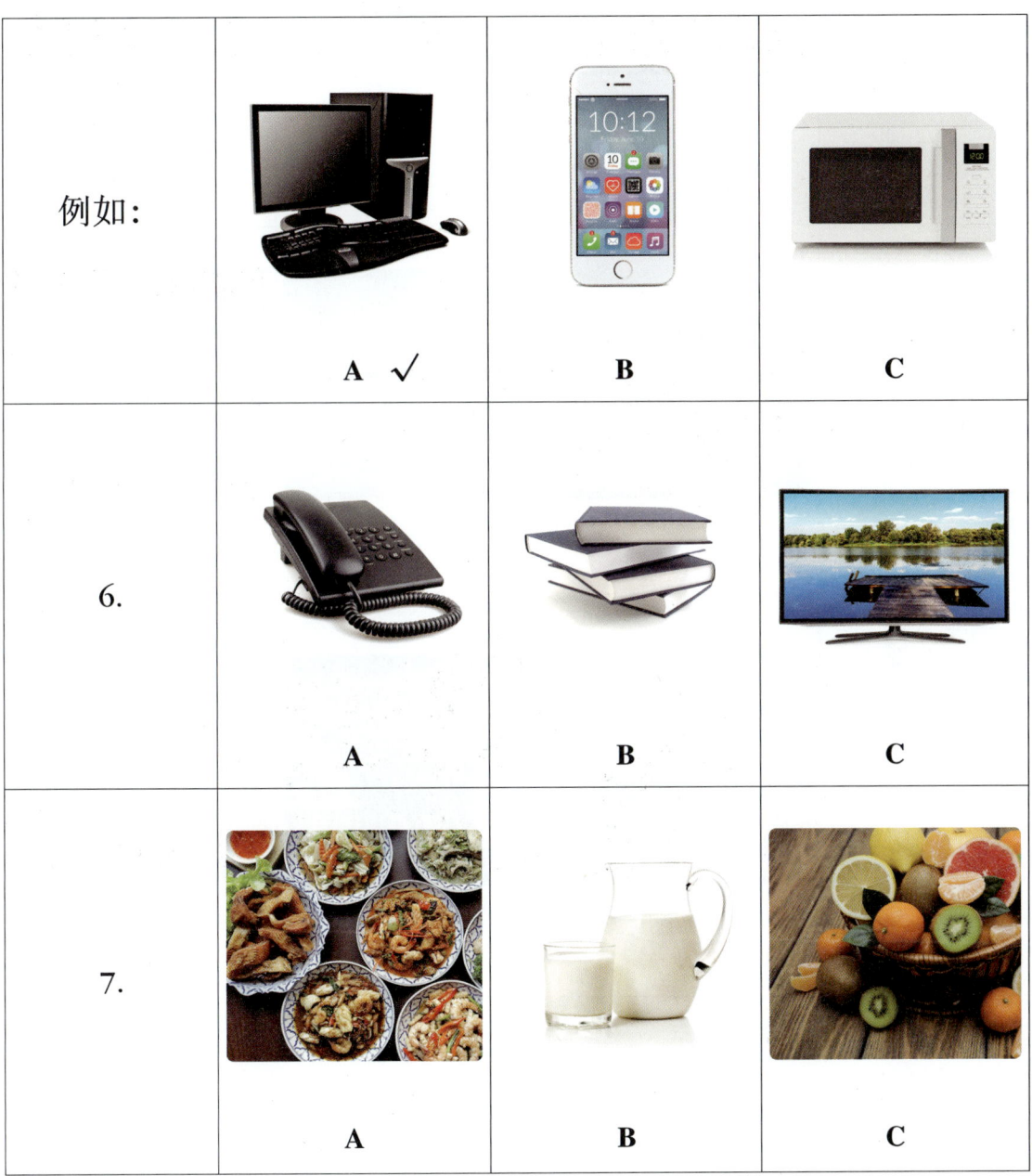

<table>
<tr><td>8.</td><td>
A</td><td>
B</td><td>
C</td></tr>
<tr><td>9.</td><td>
A</td><td>
B</td><td>
C</td></tr>
<tr><td>10.</td><td>
A</td><td>
B</td><td>
C</td></tr>
</table>

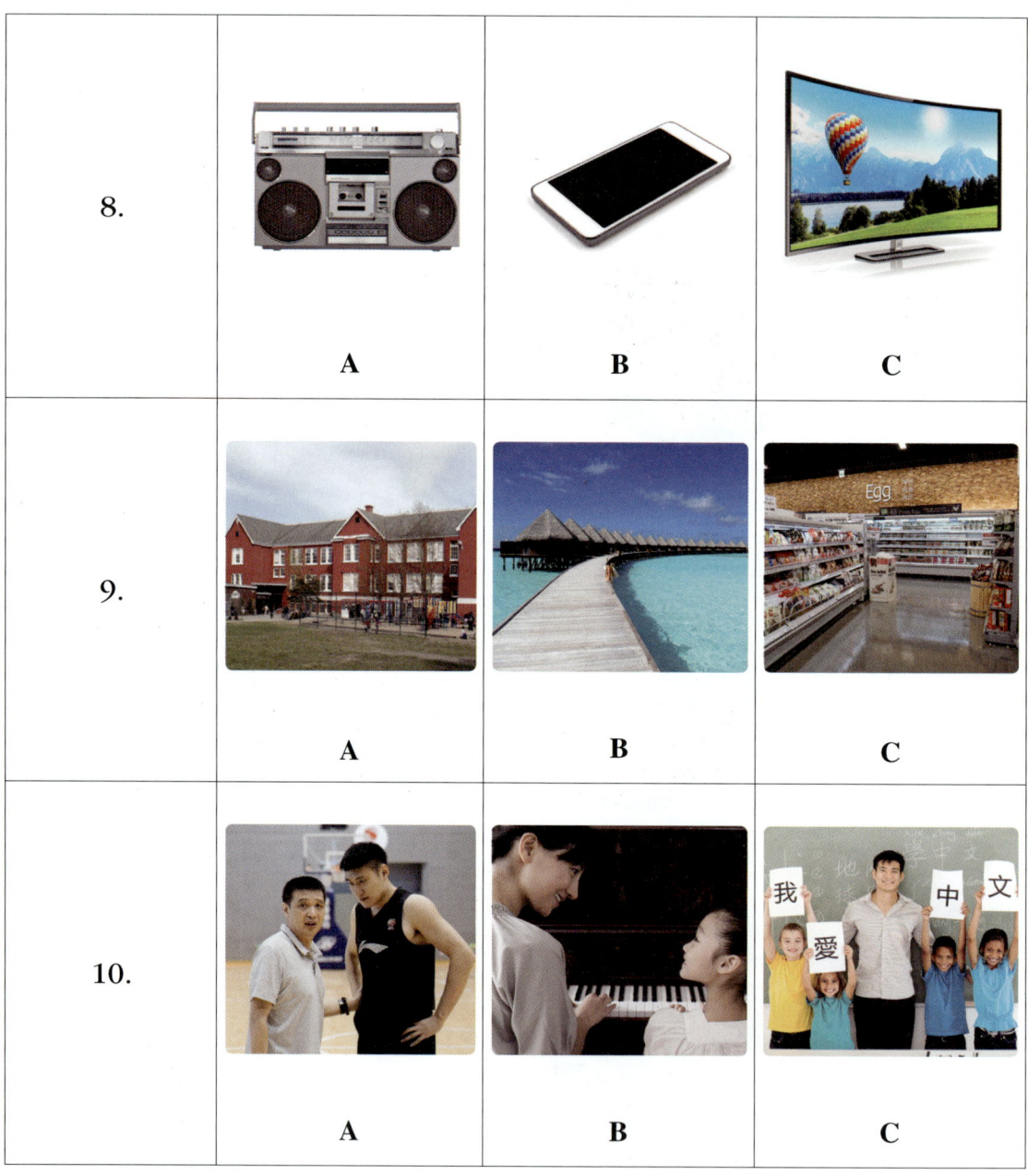

第三部分

第11-15题

A 
B 
C 
D 
E 
F

Lìrú Nǐ hǎo!
例如：男：你 好！

Nǐ hǎo! Hěn gāoxìng rènshi nǐ.
女：你 好！ 很 高兴 认识 你。　　　　　　E

11. ☐

12. ☐

13. ☐

14. ☐

15. ☐

第四部分

第16-20题

例如：
Wǒ nǚ'ér hěn xiǎo, jīnnián liù suì.
我 女儿 很 小，今年 六 岁。

问：Tā nǚ'ér jīnnián jǐ suì le?
他 女儿 今年 几 岁 了？

A 四 岁 （sì suì）　　B 五 岁 （wǔ suì）　　C 六 岁 （liù suì） ✓

16. A 早饭 后 （zǎofàn hòu）　　B 午饭 后 （wǔfàn hòu）　　C 晚饭 后 （wǎnfàn hòu）

17. A 看 电影 （kàn diànyǐng）　　B 看 电视 （kàn diànshì）　　C 看 电脑 （kàn diànnǎo）

18. A 三 年 （sān nián）　　B 四 年 （sì nián）　　C 十 年 （shí nián）

19. A 杯子 （bēizi）　　B 衣服 （yīfu）　　C 水果 （shuǐguǒ）

20. A 七 点 （qī diǎn）　　B 八 点 （bā diǎn）　　C 九 点 （jiǔ diǎn）

二、阅读

第一部分

第21-25题

例如：		shǎo 少	✕
		mǐfàn 米饭	✓
21.		píngguǒ 苹果	
22.		bēizi 杯子	
23.		shuō 说	
24.		bàba 爸爸	
25.		sì 四	

第二部分

第26-30题

A

B

C

D

E

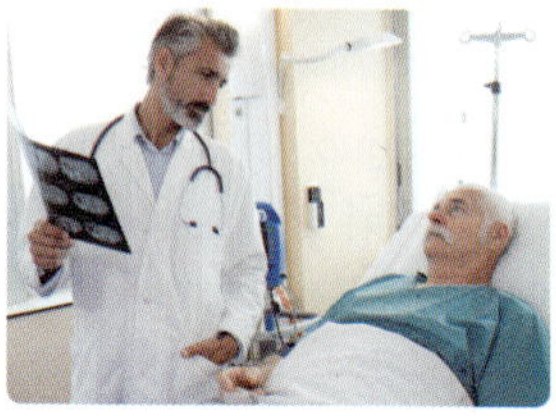

F

	Wǒ hěn xǐhuan zhège yǐzi.	
例如:	我 很 喜欢 这个 椅子。	B

	Wǒmen dōu zài kàn nàxiē fēijī.	
26.	我们 都 在 看 那些 飞机。	

	Wǒ rènshi diànshì li de nàge rén.	
27.	我 认识 电视 里 的 那个 人。	

	Tīng yīshēng de, huì hǎo de.	
28.	听 医生 的，会 好 的。	

	Mǐfàn zuòhǎo le, chī fàn ba.	
29.	米饭 做好 了，吃 饭 吧。	

	Bàba yí ge yuè yǒu shí tiān bú zài jiā.	
30.	爸爸 一 个 月 有 十 天 不 在 家。	

第三部分

第31-35题

例如：	Xièxie Wáng lǎoshī. 谢谢 王 老师。	F	**A** Wǒ bù huíqu. 我 不 回去。
31.	Diànyǐng duōshao fēnzhōng? 电影 多少 分钟？		**B** Qù Běijīng Fàndiàn. 去 北京 饭店。
32.	Nǐmen xuéxiào de xuésheng duō ma? 你们 学校 的 学生 多 吗？		**C** duō fēzhōng. 90多 分钟。
33.	Yǔ xiàdà le, huíqu ba. 雨 下大 了，回去 吧。		**D** Bú tài duō. 不 太 多。
34.	Wǒmen jīntiān qù nǎge fàndiàn? 我们 今天 去 哪个 饭店？		**E** Hǎo de, jǐ diǎn? 好 的，几 点？
35.	Nǐ míngtiān lái wǒ jiā, hǎo ma? 你 明天 来 我 家，好 吗？		**F** Bú kèqi. 不 客气。

第四部分

第36-40题

A 能　　B 时候　　C 在　　D 住　　E 后面　　F 很

例如：我 一 个 人（ D ）。

36. 男：女儿（ ）做 什么？

　　女：女儿 在 那儿 看 书。

37. 男：你 回来 的（ ）买 些 水果。

　　女：好 的。

38. 男：王 小姐 冷 吗？

　　女：（ ）冷。

39. 男：你 现在 不（ ）开车。

　　女：好，你 开 吧。

40. 女：你 看见（ ）那个 先生 了 吗？

　　男：看见 了。

新汉语水平考试
HSK（一级）
模拟考试 8

注　意

一、　HSK（一级）分两部分：

　　1. 听力(20题，约15分钟)

　　2. 阅读(20题，17分钟)

二、　听力结束后，有3分钟填写答题卡。

三、　全部考试约40分钟(含考生填写个人信息时间5分钟)。

一、听力

第一部分

第1-5题

例如：		✗
		✓
1.		
2.		
3.		
4.		
5.		

第二部分

第6-10题

例如：	A √	B	C
6.	A	B	C
7.	A	B	C

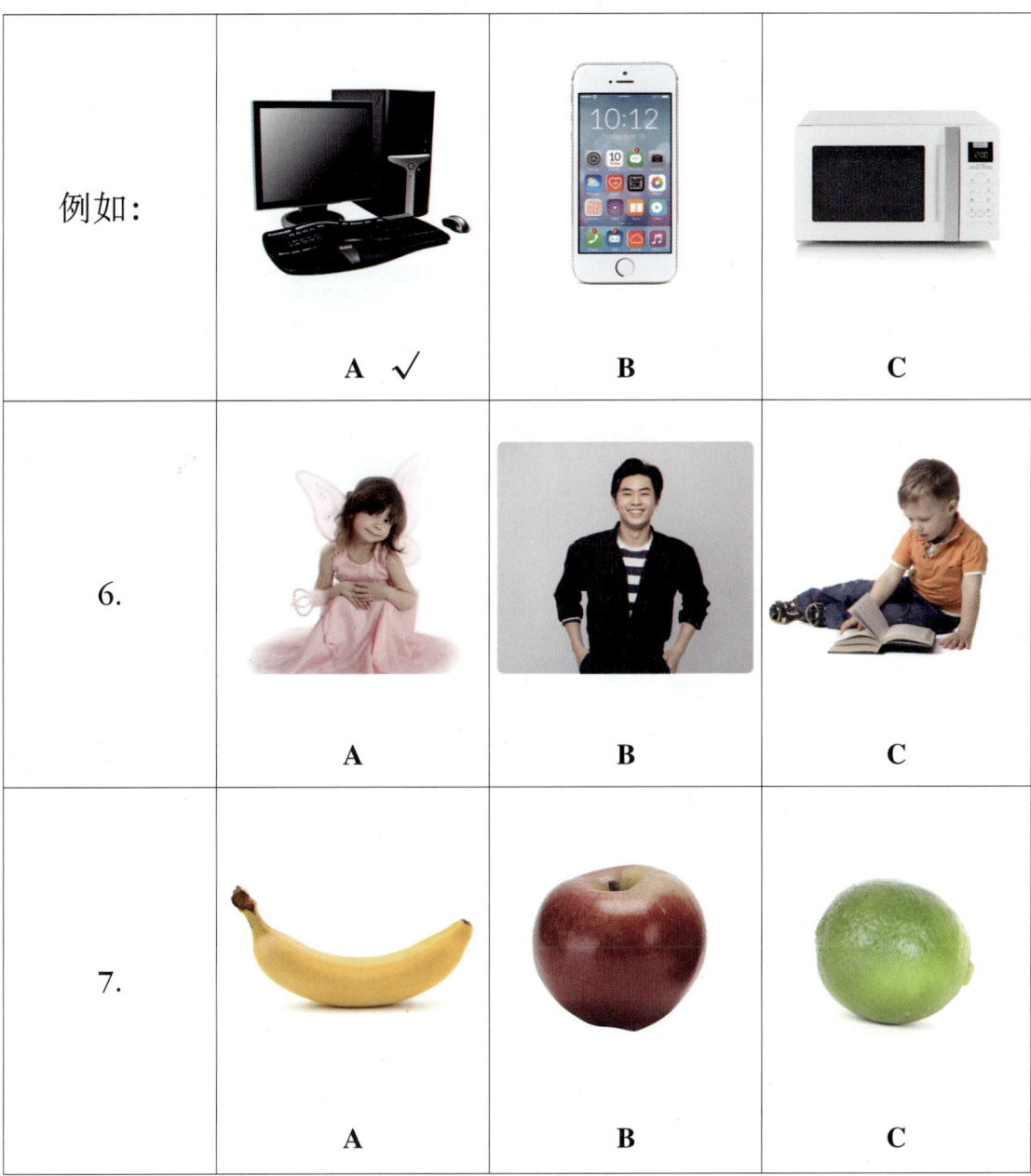

8.	A	B	C
9.	A	B	C
10.	A	B	C

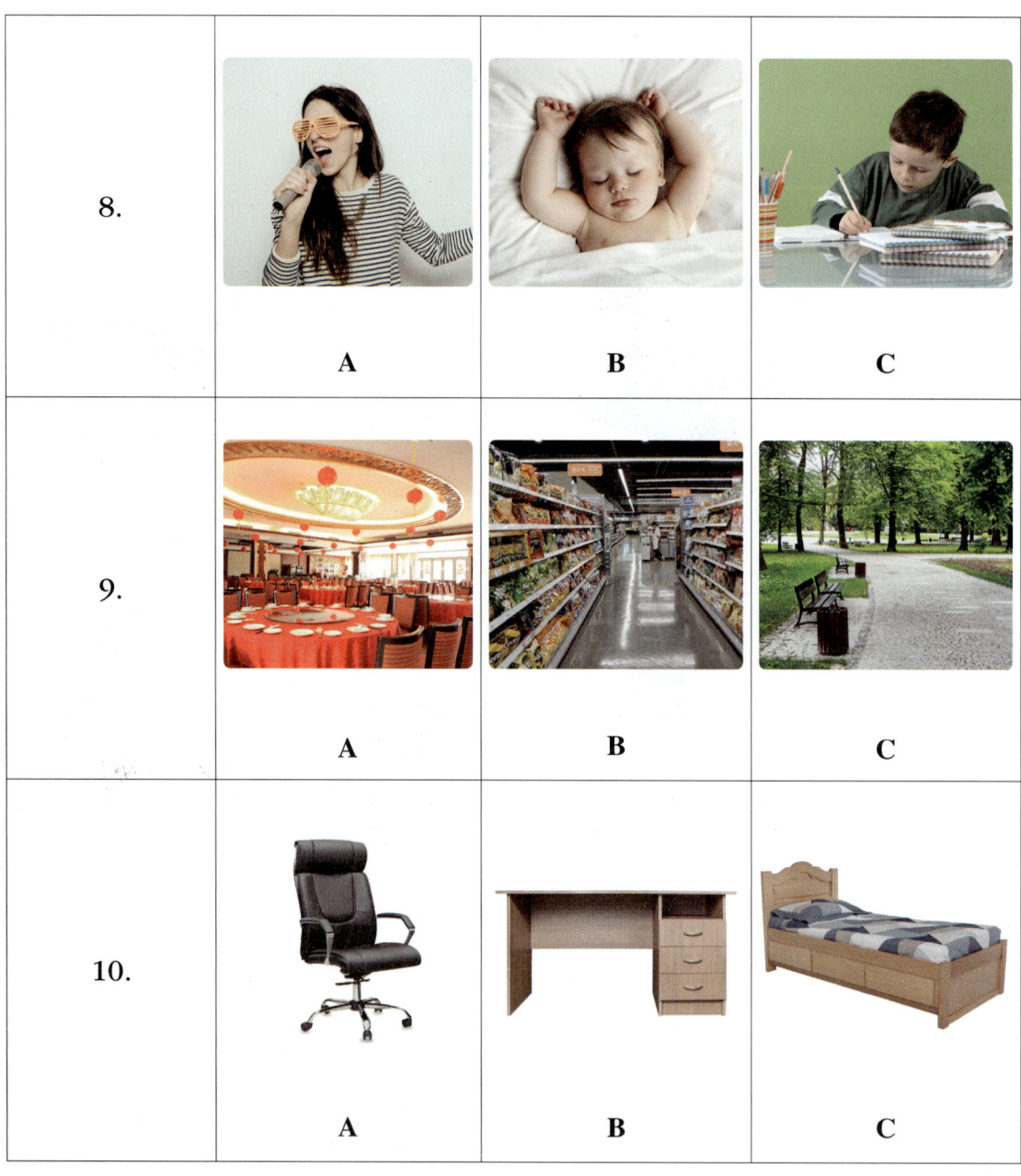

第三部分

第11-15题

A

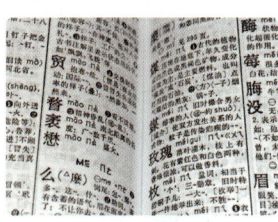
B

C

D

E

F

Lìrú　　　　Nǐ hǎo!
例如：男：你 好！

　　　　Nǐ hǎo!　Hěn gāoxìng rènshi nǐ.
　　　女：你 好！很 高兴 认识 你。　　　　E

11.

12.

13.

14.

15.

第四部分

第16-20题

例如：Wǒ nǚ'ér hěn xiǎo, jīnnián liù suì.
我 女儿 很 小， 今年 六 岁。

Tā nǚ'ér jīnnián jǐ suì le?
问：他 女儿 今年 几 岁 了？

sì suì **A** 四 岁	wǔ suì **B** 五 岁	liù suì **C** 六 岁 ✓

16.	Měiguórén **A** 美国人	Yīngguórén **B** 英国人	Zhōngguórén **C** 中国人
17.	xīngqīsì **A** 星期四	xīngqīwǔ **B** 星期五	xīngqīliù **C** 星期六
18.	shāngdiàn **A** 商店	yīyuàn **B** 医院	xuéxiào **C** 学校
19.	kàn diànshì **A** 看 电视	kàn diànyǐng **B** 看 电影	dúshū **C** 读书
20.	yīshēng **A** 医生	xuéshēng **B** 学生	lǎoshī **C** 老师

二、阅读

第一部分

第21-25题

例如：		shǎo 少	✗
		mǐfàn 米饭	✓
21.		shāngdiàn 商店	
22.		qìchē 汽车	
23.	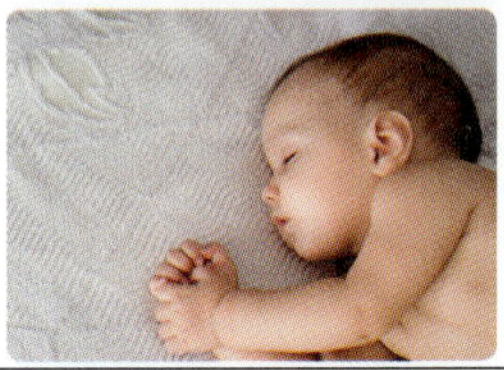	shuìjiào 睡觉	
24.		xiàyǔ 下雨	
25.		bàba 爸爸	

第二部分

第26-30题

A

B

C

D

E

F

例如： Wǒ hěn xǐhuan zhège yǐzi.
我 很 喜欢 这个 椅子。   B

26. Shàngwǔ wǒ hěn máng, xiàwǔ nǐ zài dǎ diànhuà.
上午 我 很 忙，下午 你 再 打 电话。

27. Māo hěn xǐhuan shuìjiào.
猫 很 喜欢 睡觉。

28. Yì jiā rén zài chī zǎofàn.
一 家 人 在 吃 早饭。

29. Wǒ míngtiān wǎnshang shí diǎn qián huílai.
我 明天 晚上 十 点 前 回来。

30. Tiānqì tài rè le, bù xiǎng xuéxí.
天气 太 热 了，不 想 学习。

第三部分

第31-35题

例如：Xièxie Wáng lǎoshī.
谢谢 王 老师。 　[F]　　A 他 学习 很 好。 Tā xuéxí hěn hǎo.

31. Tā xuéxí zěnmeyàng?
他 学习 怎么样？ 　[ ]　　B 没 关系。 Méi guānxi.

32. Duìbuqǐ, wǒ bù néng hé nǐ qù kàn diànyǐng le.
对不起，我 不 能 和 你 去 看 电影 了。 　[ ]　　C 八 个 人。 Bā ge rén.

33. Nǐ zěnme méi zuò fēijī?
你 怎么 没 坐 飞机？ 　[ ]　　D 能。 Néng.

34. Nǐ néng xiě Hànzì ma?
你 能 写 汉字 吗？ 　[ ]　　E 我 不 喜欢 坐 飞机。 Wǒ bù xǐhuan zuò fēijī.

35. Xiānsheng, nǐmen xiǎng jǐ ge rén zuò yì zhuō?
先生，你们 想 几 个 人 坐 一 桌？ 　[ ]　　F 不 客气。 Bú kèqi.

第四部分

第36-40题

gōngzuò	bú kèqi	lǐmiàn	zhù	chá	zài
A 工作	**B** 不 客气	**C** 里面	**D** 住	**E** 茶	**F** 在

Wǒ yí ge rén
例如：我 一 个 人（ **D** ）。

Xīngqītiān wǒ jiā shuìjiào.
36. 星期天 我（　　）家 睡觉。

Xièxie nǐ!
37. 男：谢谢 你！

女：（　　）！

Nǐ kànjiàn wǒ de shū le ma?
38. 男：你 看见 我 的 书 了 吗?

Zài zhuōzi
女：在 桌子（　　）。

Wǒ zài yīyuàn
39. 我 在 医院（　　）。

Nǐ hē shénme?
40. 男：你 喝 什么?

Wǒ xiǎng hē
女：我 想 喝（　　）。

新汉语水平考试
HSK（一级）
模拟考试 9

注　意

一、　HSK（一级）分两部分：

　　1. 听力(20题，约15分钟)

　　2. 阅读(20题，17分钟)

二、　听力结束后，有3分钟填写答题卡。

三、　全部考试约40分钟(含考生填写个人信息时间5分钟)。

一、听力

第一部分

第1-5题

例如：		×
		✓
1.		
2.		
3.		
4.		
5.		

第二部分

第6-10题

例如：	 A √	 B	 C
6.	 A	 B	 C
7.	 A	 B	 C

9회

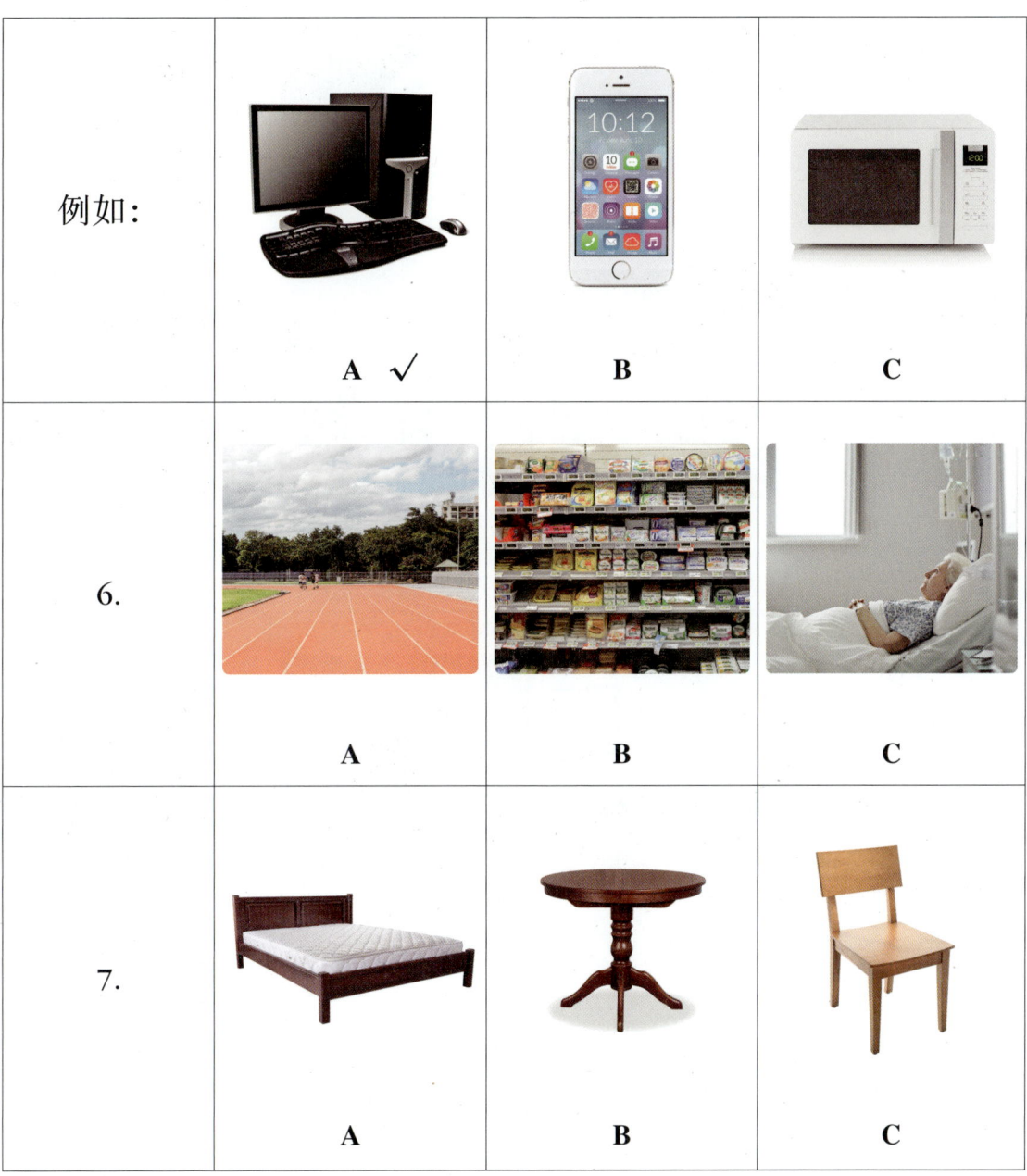

8.	 A	 B	 C
9.	 A	 B	 C
10.	 A	 B	 C

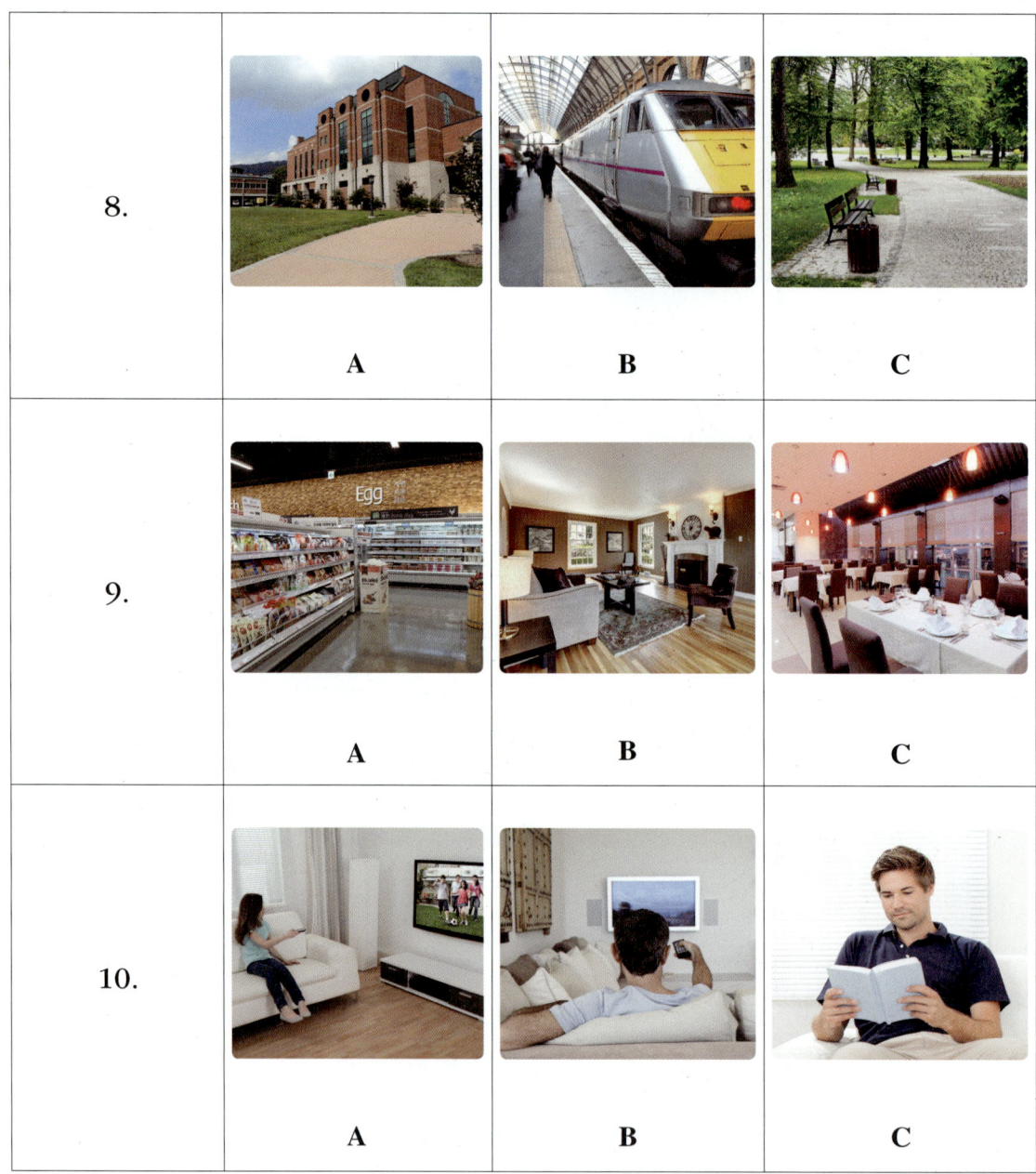

第三部分

第11-15题

A B

C  D

E  F

Lìrú　　　　　Nǐ hǎo!
例如：男：你 好！

　　　　Nǐ hǎo!　Hěn gāoxìng rènshi nǐ.
　　女：你 好！很 高兴 认识 你。　　　　E

11.

12.

13.

14.

15.

第四部分

第16-20题

例如：
Wǒ nǚ'ér hěn xiǎo, jīnnián liù suì.
我 女儿 很 小，今年 六 岁。

问：
Tā nǚ'ér jīnnián jǐ suì le?
他 女儿 今年 几 岁 了?

	sì suì	wǔ suì	liù suì
	A 四 岁	B 五 岁	C 六 岁 ✓

16.
	shāngdiàn	xuéxiào	huí jiā
	A 商店	B 学校	C 回家

17.
	bàba	māma	jiějie
	A 爸爸	B 妈妈	C 姐姐

18.
	xīngqīwǔ	xīngqīliù	xīngqīrì
	A 星期五	B 星期六	C 星期日

19.
	zuò cài	xuéxí	shuìjiào
	A 做 菜	B 学习	C 睡觉

20.
	liù diǎn	qī diǎn	bā diǎn
	A 六 点	B 七 点	C 八 点

二、阅读

第一部分

第21-25题

例如：		shǎo 少	×
		mǐfàn 米饭	√
21.		shàng 上	
22.		chūzūchē 出租车	
23.		xǐhuan 喜欢	
24.		bēizi 杯子	
25.		Zhōngguó 中国	

第二部分

第26-30题

A

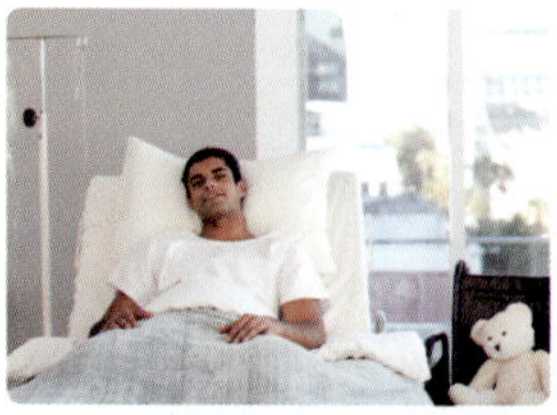

B

C

D

E

F

Wǒ hěn xǐhuan zhège yǐzi.
例如： 我 很 喜欢 这个 椅子。 B

Xiànzài xué Hànyǔ de rén hěn duō.
26. 现在 学 汉语 的 人 很 多。 ☐

Wǒmen xīngqītiān xiàwǔ wǔ diǎn qù fàndiàn.
27. 我们 星期天 下午 五 点 去 饭店。 ☐

Bàba yǒu liǎng ge péngyou zhù zài Běijīng.
28. 爸爸 有 两 个 朋友 住 在 北京。 ☐

Wǒ zuótiān zài yīyuàn kànjiàn Xiǎo Míng le.
29. 我 昨天 在 医院 看见 小 明 了。 ☐

Xià yǔ le, wǒmen zuò chūzūchē qù.
30. 下 雨 了，我们 坐 出租车 去。 ☐

第三部分

第31-35题

例如：Xièxie Wáng lǎoshī.
谢谢 王 老师。 [F]

A 苹果。 Píngguǒ.

31. Wǒmen qù nǎr chī fàn?
我们 去 哪儿 吃 饭？ [ ]

B 我 会 写 汉字。 Wǒ huì xiě Hànzì.

32. Nǐ zuótiān jǐ diǎn shuì de?
你 昨天 几 点 睡 的？ [ ]

C 饭店。 Fàndiàn.

33. Nǐ huì xiě Hànzì ma?
你 会 写 汉字 吗？ [ ]

D 没 关系。 Méi guānxi.

34. Duìbuqǐ, wǒ jīntiān bù néng qù kàn nǐ le.
对不起，我 今天 不 能 去 看 你 了。 [ ]

E 十二 点。 Shí'èr diǎn.

35. Nǐ zhèr yǒu shénme shuǐguǒ?
你 这儿 有 什么 水果？ [ ]

F 不 客气。 Bú kèqi.

第四部分

第36-40题

zài A 在	hěn B 很	nǎ C 哪	zhù D 住	shíhou E 时候	gōngzuò F 工作

Wǒ yí ge rén
例如：我 一 个 人（ **D** ）。

Jīntiān nǐ de yīfu piàoliang.
36. 男：今天 你 的 衣服（ ）漂亮。
Xièxie, zhè shì zuótiān mǎi de.
女：谢谢，这 是 昨天 买 的。

Nǐ shénme qù xué Hànyǔ?
37. 男：你 什么（ ）去 学 汉语？
Míngtiān xiàwǔ qù.
女：明天 下午 去。

Wáng xiǎojiě shì ge dàxué de xuésheng?
38. 男：王 小姐 是（ ）个 大学 的 学生？
Tā shì Běijīng dàxué de.
女：她 是 北京 大学 的。

Wéi, Zhāng lǎoshī jiā ma?
39. 男：喂，张 老师（ ）家 吗？
Tā hé péngyou kàn diànyǐng qù le.
女：他 和 朋友 看 电影 去 了。

Nǐ yě zài xuéxiào ma?
40. 女：你 也 在 学校（ ）吗？
Bù, wǒ zài fàndiàn gōngzuò.
男：不，我 在 饭店 工作。

新汉语水平考试
HSK（一级）
模拟考试 10

注 意

一、 HSK（一级）分两部分：

　　1. 听力(20题，约15分钟)

　　2. 阅读(20题，17分钟)

二、 听力结束后，有3分钟填写答题卡。

三、 全部考试约40分钟(含考生填写个人信息时间5分钟)。

一、听力
第一部分

第1-5题

例如：		✗
		✓
1.		
2.		
3.		
4.		
5.		

第二部分

第6-10题

例如：	 A ✓	 B	 C
6.	 A	 B	 C
7.	 A	 B	 C

10회

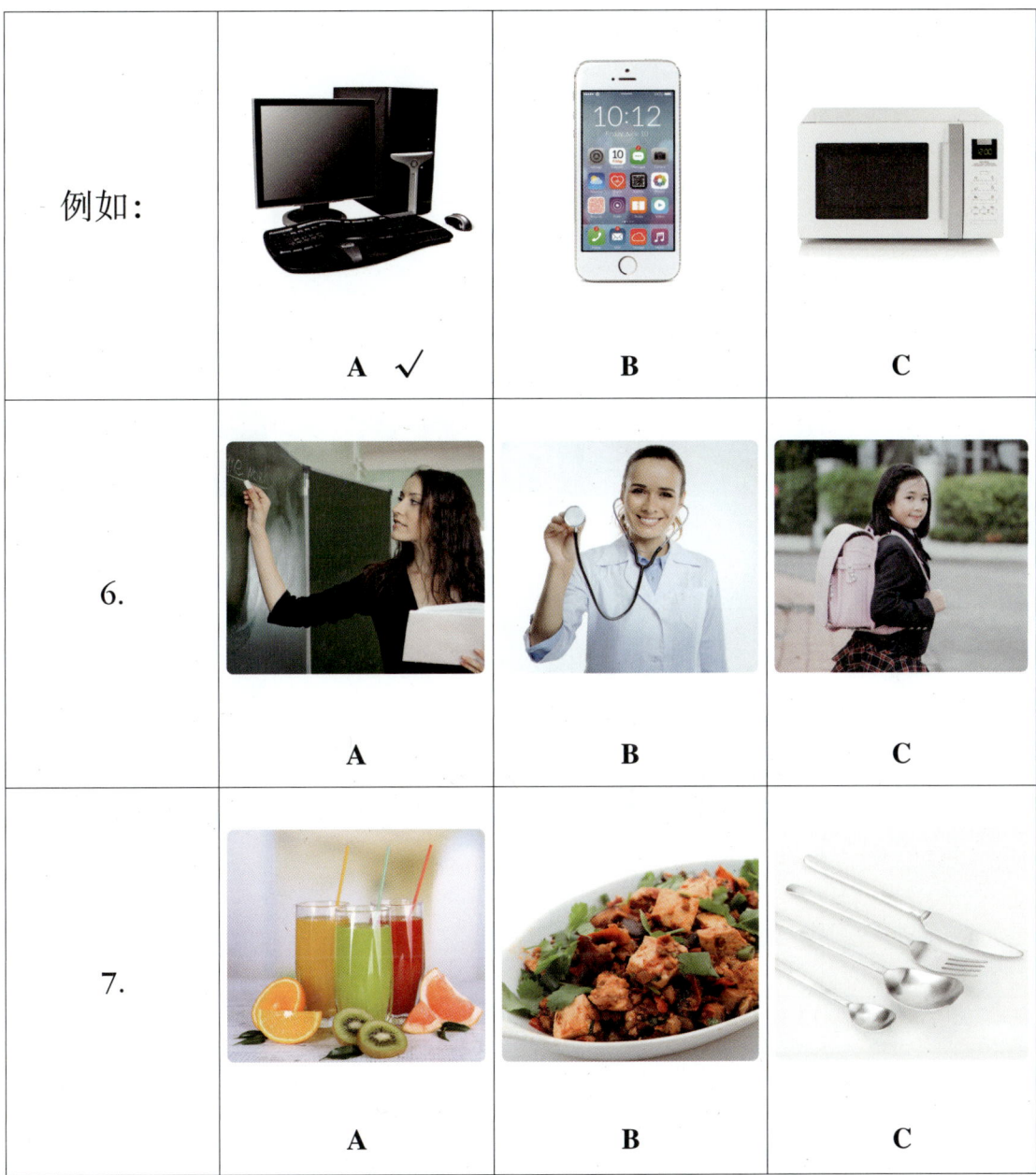

8.	A	B	C
9.	A	B	C
10.	A	B	C

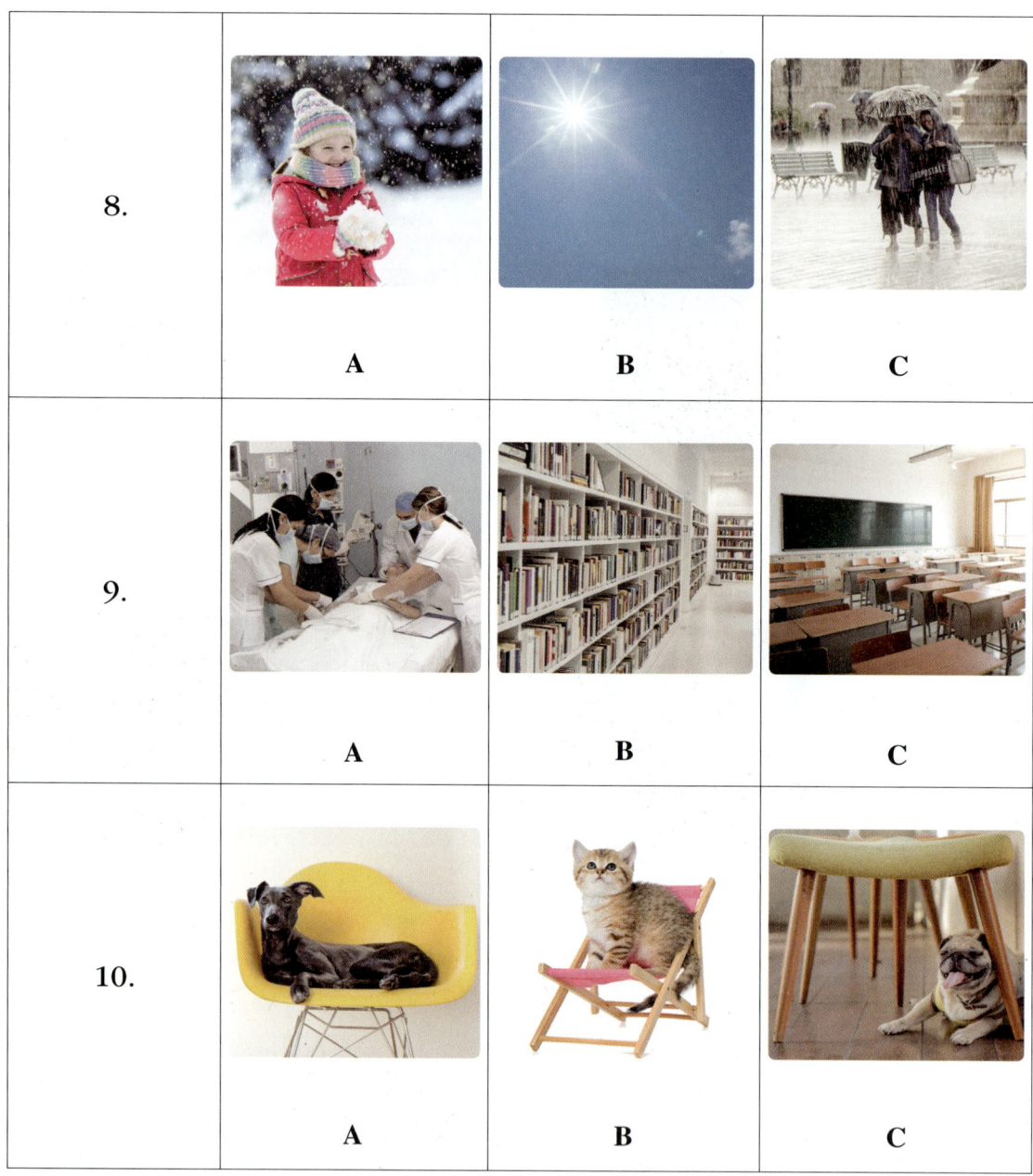

第三部分

第11-15题

A

B

C

D

E

F

Lìrú　　　　Nǐ hǎo!
例如：男：你 好！

　　　　Nǐ hǎo!　Hěn gāoxìng rènshi nǐ.
　　女：你 好！很 高兴 认识 你。　　　　　E

11.

12.

13.

14.

15.

第四部分

第16-20题

例如:
Wǒ nǚ'ér hěn xiǎo, jīnnián liù suì.
我 女儿 很 小, 今年 六 岁。

Tā nǚ'ér jīnnián jǐ suì le?
问: 他 女儿 今年 几 岁 了?

  sì suì   wǔ suì   liù suì
 A 四 岁   **B** 五 岁   **C** 六 岁 ✓

16.　zhège yuè èr hào   xià ge yuè sān hào   xià ge yuè sì hào
  A 这个 月 二 号   **B** 下 个 月 三 号   **C** 下 个 月 四 号

17.　fēijī   chūzūchē   qìchē
  A 飞机   **B** 出租车   **C** 汽车

18.　Lǐ Míng de   tóngxué de   Wáng lǎoshī de
  A 李 明 的   **B** 同学 的   **C** 王 老师 的

19.　jiā li   fàndiàn   péngyou jiā
  A 家 里   **B** 饭店   **C** 朋友 家

20.　Hànyǔ shū   zhuōzi   bēizi
  A 汉语 书   **B** 桌子   **C** 杯子

二、阅读

第一部分

第21-25题

例如：		shǎo 少	✗
		mǐfàn 米饭	✓
21.		dú 读	
22.		duō 多	
23.		xiě 写	
24.		lěng 冷	
25.		xuéxí 学习	

第二部分

第26-30题

A 
B 
C 
D 
E 
F

例如： Wǒ hěn xǐhuan zhège yǐzi.
我 很 喜欢 这个 椅子。   B

26. Zhāng lǎoshī zài dǎ diànhuà.
    张 老师 在 打 电话。

27. Nǐ hǎo, wǒ xiǎng mǎi zhè kuài yǒu shuǐguǒ de.
    你好，我 想 买 这 块 有 水果 的。

28. Zhè shì nǐ de diànnǎo ma? Hěn piàoliang!
    这 是 你 的 电脑 吗? 很 漂亮！

29. Wǒ zuótiān méi qù shāngdiàn, jīntiān qù.
    我 昨天 没 去 商店，今天 去。

30. Lǐ xiǎojiě, qǐng zuò zài zhèli.
    李 小姐, 请 坐 在 这里。

第三部分

第31-35题

例如：谢谢 王 老师。 F

A 今天 二十三 号。

31. 你 住 在 哪儿？

B 没 关系。

32. 你 什么 时候 来 的？

C 昨天 中午。

33. 我 不 会 做 饭。

D 在 前面。

34. 今天 几 号？

E 会 一点儿。

35. 你 会 说 汉语 吗？

F 不 客气。

第四部分

第36-40题

rè	qián	hē	zhù	shénme	shì
A 热	B 钱	C 喝	D 住	E 什么	F 是

Wǒ yí ge rén
例如：我 一 个 人（ D ）。

Zhōngguórén dōu ài   chá.
36. 中国人 都 爱（   ）茶。

Zhèxiē shuǐguǒ shí kuài
37. 这些 水果 十 块（   ）。

Nǐ zài shuō
38. 你 在 说（   ）？

Tiānqì zěnmeyàng?
39. 男：天气 怎么样？

Hěn
女：很（   ）。

Nǐ rènshi tā ma?
40. 女：你 认识 他 吗？

Tā   wǒ tóngxué.
男：他（   ）我 同学。

新汉语水平考试
HSK（一级）
模拟考试 11

注　意

一、 HSK（一级）分两部分：

　　1. 听力(20题，约15分钟)

　　2. 阅读(20题，17分钟)

二、 听力结束后，有3分钟填写答题卡。

三、 全部考试约40分钟(含考生填写个人信息时间5分钟)。

一、听力

第一部分

第1-5题

例如：		✗
		✓
1.		
2.		
3.		
4.		
5.		

第二部分

第6-10题

例如：	 A √	 B	 C
6.	 A	 B	 C
7.	 A	 B	 C

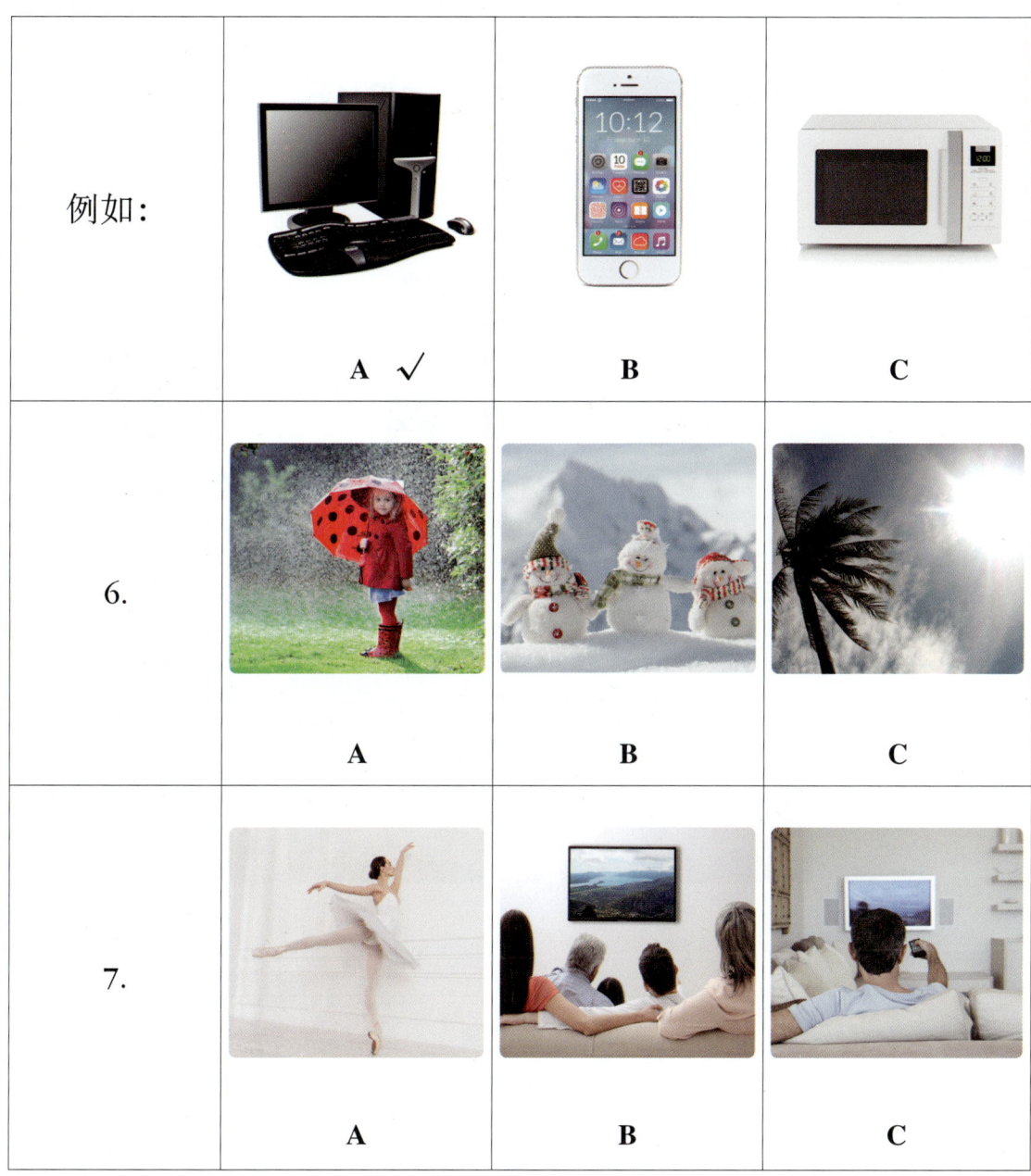

8.	 A	 B	 C
9.	 A	 B	 C
10.	 A	 B	 C

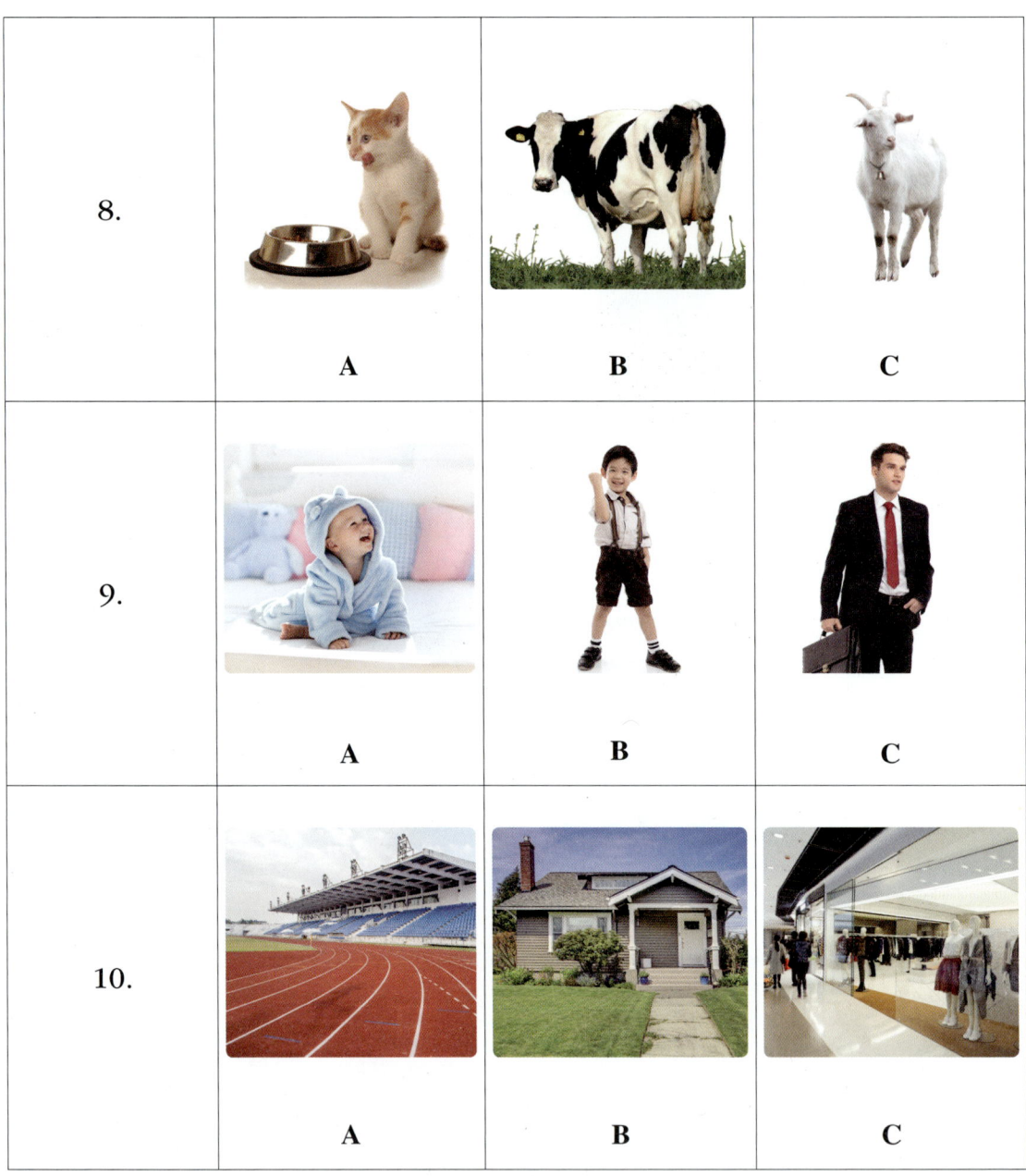

第三部分

第11-15题

A．

B．

C．

D．

E．

F．

Lìrú　　　　Nǐ hǎo!
例如：男：你 好！

　　　　　Nǐ hǎo!　Hěn gāoxìng rènshi nǐ.
　　　女：你 好！很 高兴 认识 你。　　　　E

11.

12.

13.

14.

15.

第四部分

第16-20题

Wǒ nǚ'ér hěn xiǎo, jīnnián liù suì.
例如： 我 女儿 很 小，今年 六 岁。

Tā nǚ'ér jīnnián jǐ suì le?
问： 他 女儿 今年 几 岁 了？

sì suì	wǔ suì	liù suì
A 四 岁	**B** 五 岁	**C** 六 岁 ✓

16.

èr yuè yī hào	èr yuè sān hào	èr yuè wǔ hào
A 二 月 一 号	**B** 二 月 三 号	**C** 二 月 四 号

17.

shàngwǔ	zhōngwǔ	xiàwǔ
A 上午	**B** 中午	**C** 下午

18.

xiǎohào de	zhōnghào de	dàhào de
A 小号 的	**B** 中号 的	**C** 大号 的

19.

yí ge	sān ge	sì ge
A 一 个	**B** 三 个	**C** 四 个

20.

bēizi	yǐzi	zhuōzi
A 杯子	**B** 椅子	**C** 桌子

二、阅读

第一部分

第21-25题

例如：		shǎo 少	✗
		mǐfàn 米饭	✓
21.		gǒu 狗	
22.		tīng 听	
23.		chūzūchē 出租车	
24.		diànnǎo 电脑	
25.		xuéxí 学习	

第二部分

第26-30题

A

B

C

D

E

F

Wǒ hěn xǐhuan zhège yǐzi.
例如： 我 很 喜欢 这个 椅子。 B

Lǎoshī, zàijiàn.
26. 老师，再见。 □

Kàn diànshì de shíhou chī diǎnr shuǐguǒ.
27. 看 电视 的 时候 吃 点儿 水果。 □

Wǒ zuò zài nǐ hòumiàn.
28. 我 坐 在 你 后面。 □

Nǐ hǎo, wǒ shì Xiǎo Běi.
29. 你 好，我 是 小 北。 □

Wǒ nǚ'ér ài kàn shū.
30. 我 女儿 爱 看 书。 □

第三部分

第31-35题

例如：	Xièxie Wáng lǎoshī. 谢谢 王 老师。	F	A Xià ge xīngqīsān. 下 个 星期三。
31.	Nǐ zài zhèr yǒu péngyou ma? 你 在 这儿 有 朋友 吗？		B Tā xiǎng xué Hànyǔ. 他 想 学 汉语。
32.	Nǐmen nàr tiānqì lěng ma? 你们 那儿 天气 冷 吗？		C Yǒu jǐ ge. 有 几 个。
33.	Shéi kànjiàn wǒ de gǒu le? 谁 看见 我 的 狗 了？		D Méi kànjiàn. 没 看见。
34.	Tā xiǎng xué shénme? 他 想 学 什么？		E Hěn lěng. 很 冷。
35.	Nǐ shénme shíhou qù Běijīng? 你 什么 时候 去 北京？		F Bú kèqi. 不 客气。

第四部分

第36-40题

yīshēng	qiánmiàn	míngzi	zhù	yìdiǎnr	piàoliang
A 医生	**B** 前面	**C** 名字	**D** 住	**E** 一点儿	**F** 漂亮

Wǒ yí ge rén
例如：我 一 个 人（ **D** ）。

Nàge fàndiàn zài xuéxiào
36. 那个 饭店 在 学校（ ）。

Tā de sān ge jiějie dōu hěn
37. 她 的 三 个 姐姐 都 很（ ）。

Tā de nǚ'ér shì
38. 他 的 女儿 是（ ）。

Wǒ mǎile chá.
39. 我 买了（ ）茶。

Wǒ huì xiě wǒ de
40. 我 会 写 我 的（ ）。

新汉语水平考试
HSK（一级）
模拟考试 12

注　意

一、 HSK（一级）分两部分：

1. 听力(20题，约15分钟)

2. 阅读(20题，17分钟)

二、 听力结束后，有3分钟填写答题卡。

三、 全部考试约40分钟(含考生填写个人信息时间5分钟)。

一、听力

第一部分

第1-5题

例如：		✕
		✓
1.		
2.		
3.		
4.		
5.		

第二部分

第6-10题

例如：	 A ✓	 B	 C
6.	 A	 B	 C
7.	 A	 B	 C

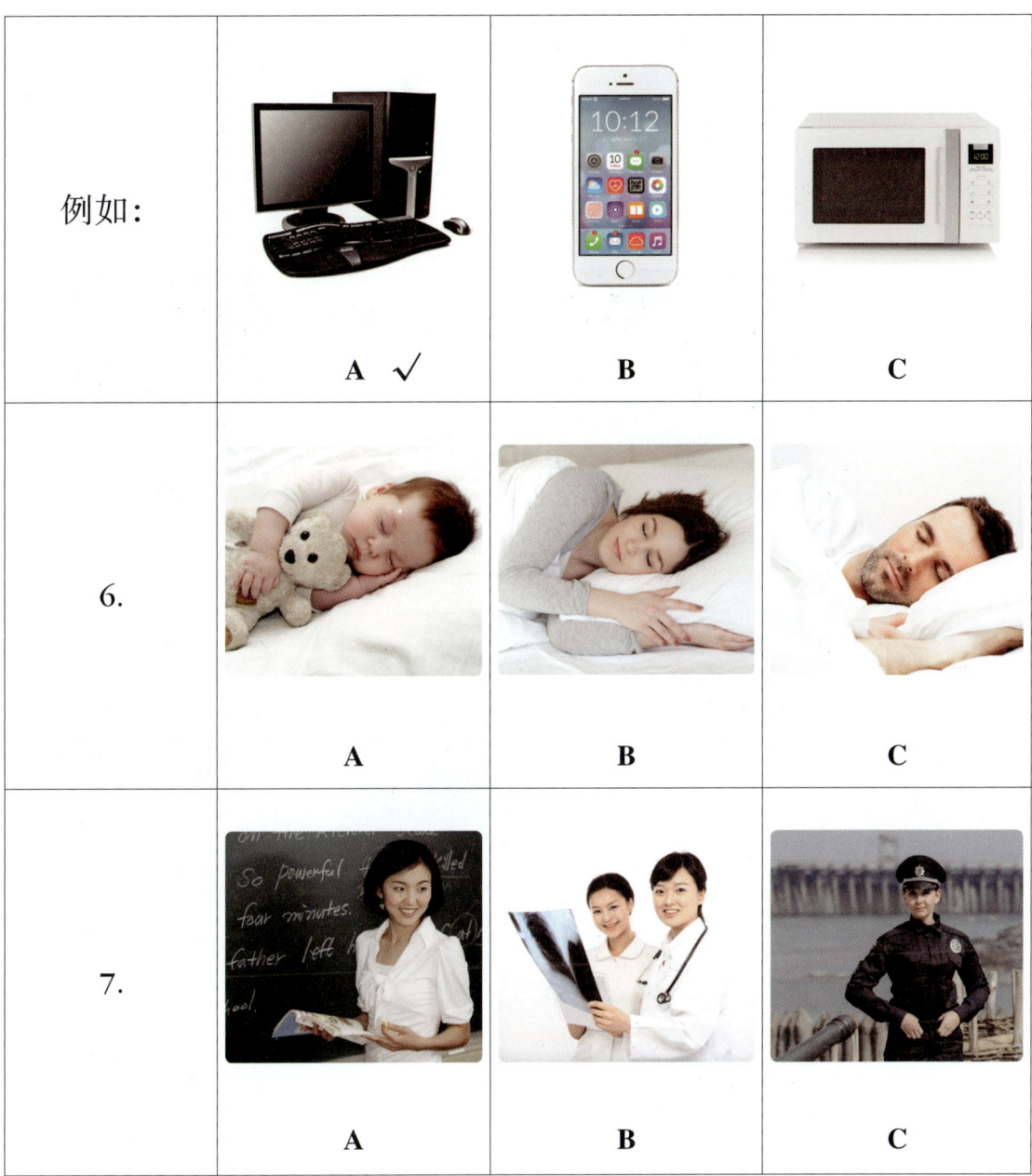

8.	 A	 B	 C
9.	 A	 B	 C
10.	 A	 B	 C

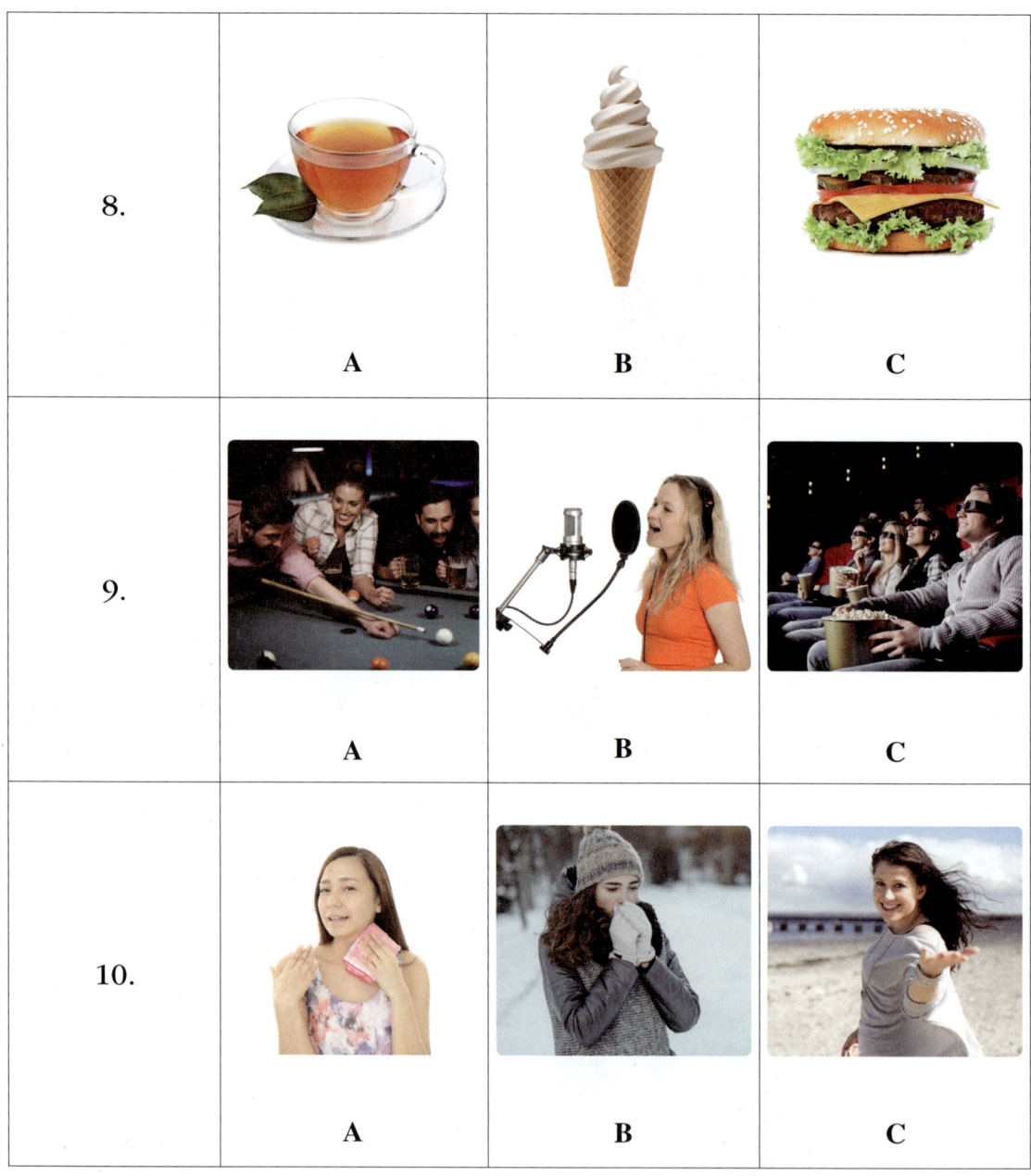

第三部分

第11-15题

A

B

C

D

E

F

Lìrú　　　Nǐ hǎo!
例如：　男：你　好！

　　　　　Nǐ hǎo!　Hěn gāoxìng rènshi nǐ.
　　　　女：你　好！　很　高兴　认识　你。　　　E

11. ☐

12. ☐

13. ☐

14. ☐

15. ☐

第四部分

第16-20题

例如:
Wǒ nǚ'ér hěn xiǎo, jīnnián liù suì.
我 女儿 很 小, 今年 六 岁。

问:
Tā nǚ'ér jīnnián jǐ suì le?
他 女儿 今年 几 岁 了?

  sì suì   wǔ suì   liù suì
 A 四 岁   B 五 岁   C 六 岁 ✓

  shí nián   shíwǔ nián   èrshí nián
16. A 十 年   B 十 五 年 C 二 十 年

  xīngqīsì   xīngqīwǔ   xīngqīliù
17. A 星期四   B 星期五   C 星期六

  wǒ   bàba   jiějie
18. A 我   B 爸爸   C 姐姐

  mǎi shū   gōngzuò   kàn shū
19. A 买 书   B 工 作   C 看 书

  ge   ge   ge
20. A 1个   B 2个   C 3个

二、阅读

第一部分

第21-25题

例如：		shǎo 少	×
		mǐfàn 米饭	√
21.		rèshuǐ 热水	
22.		yīyuàn 医院	
23.		mǎi 买	
24.		xiě 写	
25.		xiǎng 想	

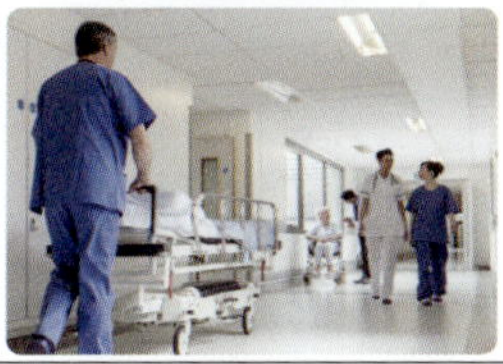

第二部分

第26-30题

A

B

C

D

E

F

例如：	Wǒ hěn xǐhuan zhège yǐzi. 我 很 喜欢 这个 椅子。	B
26.	Nǐ zěnme zhège shíhou dǎ diànhuà? 你 怎么 这个 时候 打 电话？	
27.	Chūzūchē lái le, shàng chē. 出租车 来 了，上 车。	
28.	Nǐ xiě de zì tài xiǎo le. 你 写 的 字 太 小 了。	
29.	Wǒ hěn ài wǒ de jiā. 我 很 爱 我 的 家。	
30.	Wǒ xiǎng chī píngguǒ. 我 想 吃 苹果。	

第三部分

第31-35题

例如：	Xièxie Wáng lǎoshī. 谢谢 王 老师。	F	A Tāmen shì wǒ de xuésheng. 他们 是 我 的 学生。
31.	Nǐ zǎoshang jǐ diǎn qù Běijīng? 你 早上 几 点 去 北京？		B Zuò qìchē. 坐 汽车。
32.	Nǐ rènshi tāmen ma? 你 认识 他们 吗？		C Zài zhuōzi hòumiàn. 在 桌子 后面。
33.	Nǐ gēge zěnme qù xuéxiào? 你 哥哥 怎么 去 学校？		D Bā diǎn. 八 点。
34.	Wǒ de yīfu zài nǎr? 我 的 衣服 在 哪儿？		E kuài. 3000 块。
35.	Zhège diànshì duōshao qián? 这个 电视 多少 钱？		F Bú kèqi. 不 客气。

第四部分

第36-40题

kànjiàn	xiàyǔ	jǐ	zhù	jiào	shíhou
A 看见	**B** 下雨	**C** 几	**D** 住	**E** 叫	**F** 时候

Wǒ yí ge rén
例如：我 一 个 人（ **D** ）。

Nǐ shénme kāixué?
36. 男：你 什么（ ）开学？
Èr yuè jiǔ hào.
女：二 月 九 号。

Nǐ Hànyǔ lǎoshī le ma?
37. 男：你（ ）汉语 老师 了 吗？
Méiyǒu, zěnme le?
女：没有，怎么 了？

Nǐ rènshi Xiǎo Míng ma?
38. 男：你 认识 小 明 吗？
zhège míngzi de rén hěn duō.
女：（ ）这个 名字 的 人 很 多。

Nǐ shuō, jīntiān huì ma?
39. 男：你 说，今天 会（ ）吗？
Zhège bù hǎo shuō.
女：这个 不 好 说。

Jīntiān láile ge xuésheng?
40. 女：今天 来了（ ）个 学生？
Qī ge.
男：七 个。

新汉语水平考试
HSK（一级）
模拟考试 13

注　意

一、 HSK（一级）分两部分：

　　1. 听力(20题，约15分钟)

　　2. 阅读(20题，17分钟)

二、 听力结束后，有3分钟填写答题卡。

三、 全部考试约40分钟(含考生填写个人信息时间5分钟)。

一、听力
第一部分

第1-5题

例如:	 [图:男孩听]	✗
	 [图:女孩扇扇子]	✓
1.	 [图:雨中的伞]	
2.	 [图:两个女孩]	
3.	 [图:玉米]	
4.	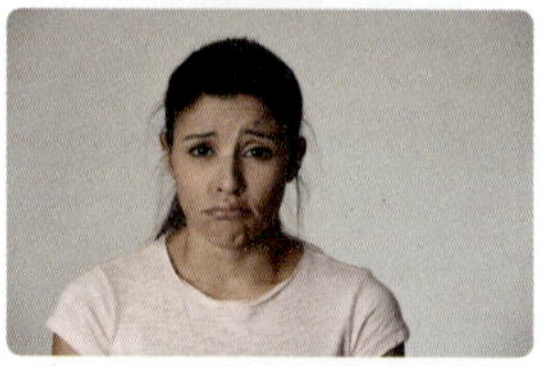 [图:女人表情]	
5.	 [图:男孩擦汗]	

第二部分

第6-10题

例如:	A √	B	C
6.	A	B	C
7.	A	B	C

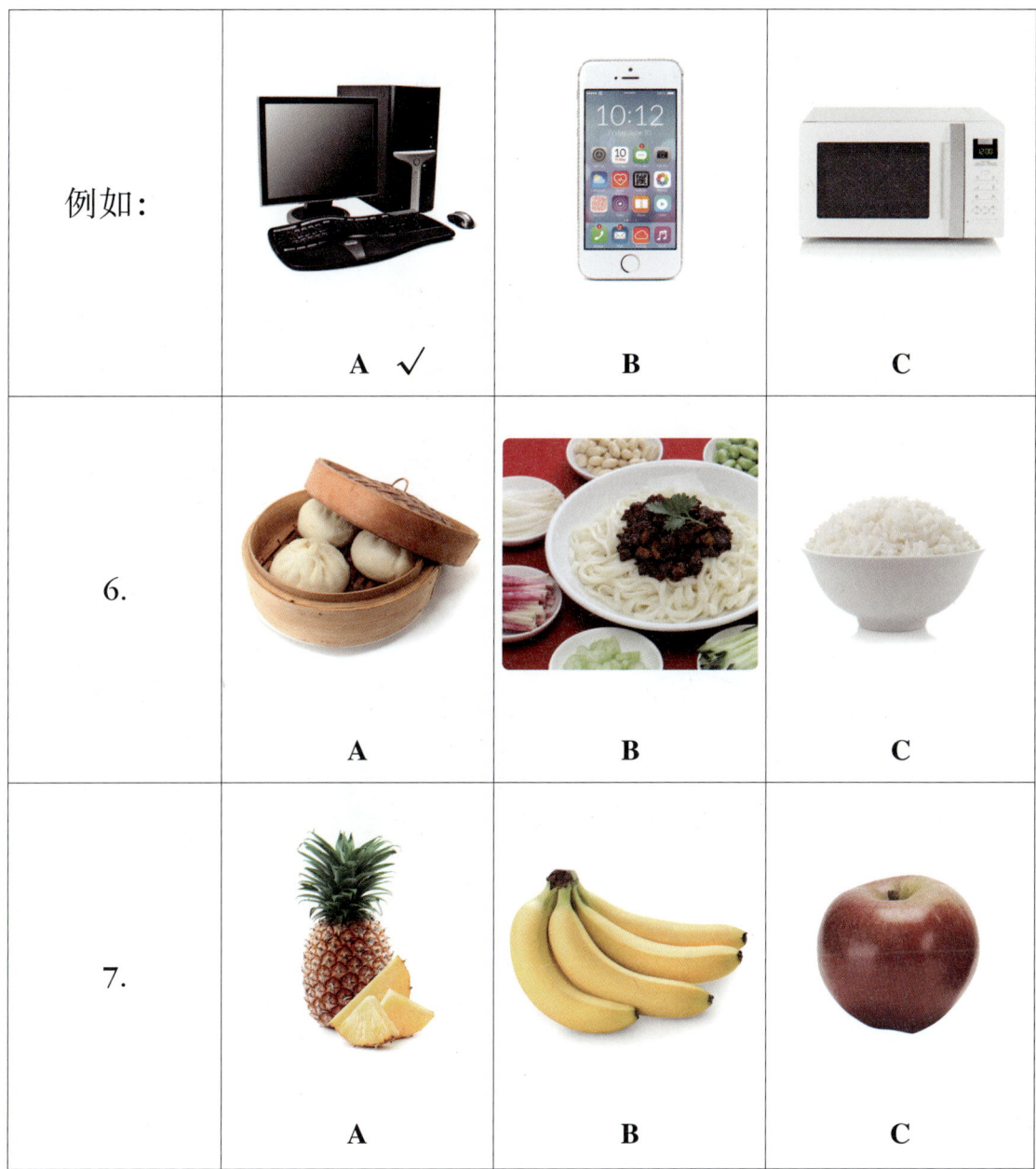

8.	 A	 B	 C
9.	 A	 B	 C
10.	 A	 B	 C

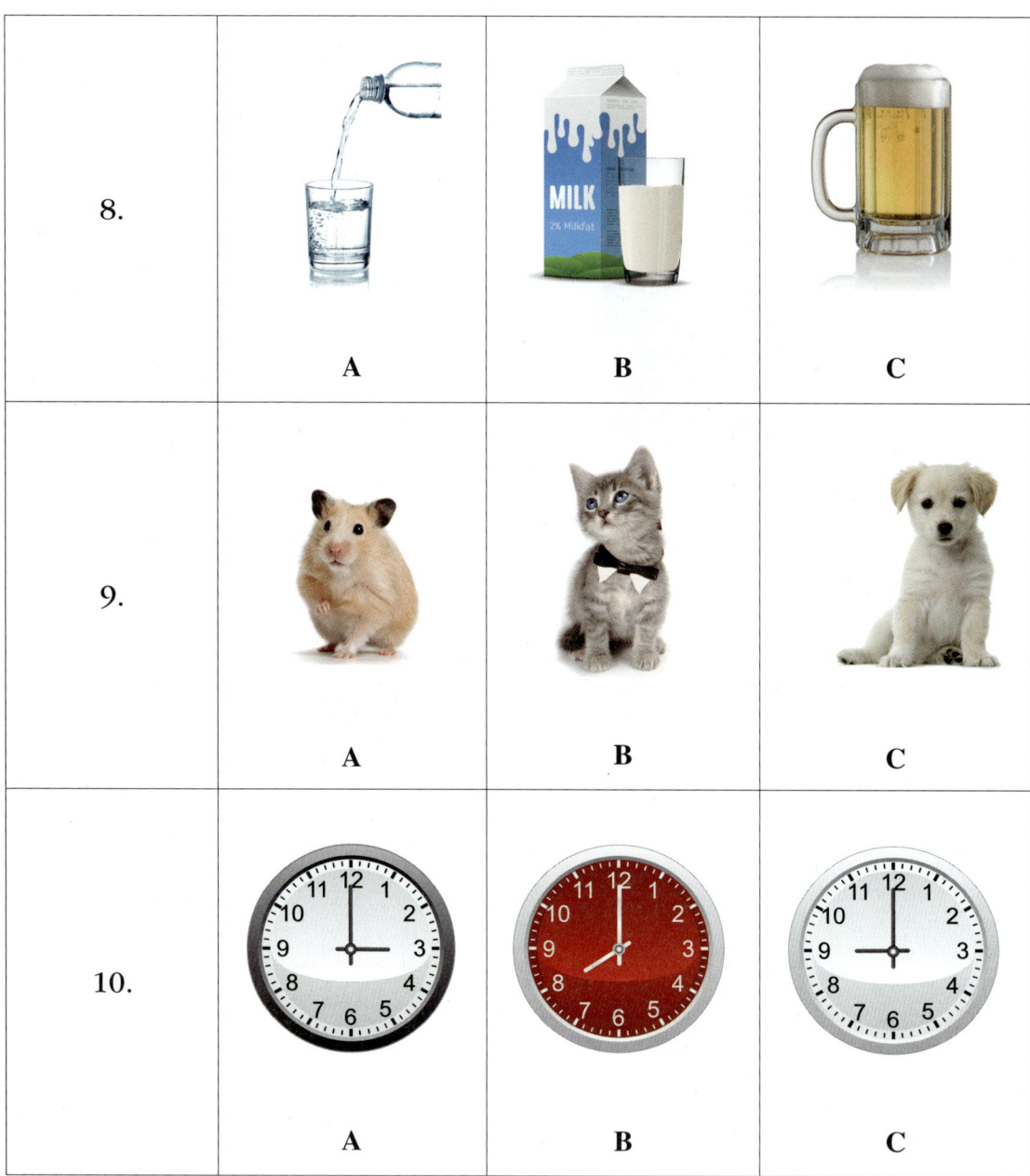

第三部分

第11-15题

A		B	
C		D	
E		F	

Lìrú　　　　Nǐ hǎo!
例如：男：你 好！

　　　　Nǐ hǎo!　Hěn gāoxìng rènshi nǐ.
　　女：你 好！很 高兴 认识 你。　　　　E

11.

12.

13.

14.

15.

第四部分

第16-20题

Wǒ nǚ'ér hěn xiǎo, jīnnián liù suì.
例如：我 女儿 很 小，今年 六 岁。

Tā nǚ'ér jīnnián jǐ suì le?
问：他 女儿 今年 几 岁 了？

sì suì **A** 四 岁	wǔ suì **B** 五 岁	liù suì **C** 六 岁 ✓

16.	shí'èr ge **A** 十二 个	shísān ge **B** 十三 个	shísì ge **C** 十四 个
17.	qī kuài **A** 七 块	bā kuài **B** 八 块	jiǔ kuài **C** 九 块
18.	chūzūchē **A** 出租车	diànchē **B** 电车	fēijī **C** 飞机
19.	wǒ de péngyou **A** 我 的 朋友	wǒ de māma **B** 我 的 妈妈	wǒ de jiějie **C** 我 的 姐姐
20.	liù ge yuè **A** 六 个 月	qī ge yuè **B** 七 个 月	bā ge yuè **C** 八 个 月

二、阅读

第一部分

第21-25题

例如：		shǎo 少	✗
		mǐfàn 米饭	✓
21.		shuǐ 水	
22.		fēijī 飞机	
23.		shuìjiào 睡觉	
24.		shāngdiàn 商店	
25.		zhuōzi 桌子	

第二部分

第26-30题

A 
B 
C 
D 
E 
F

　　　　　Wǒ hěn xǐhuan zhège yǐzi.
例如：我 很 喜欢 这个 椅子。　　　　B

　　　Dǎ diànhuà de nàge rén shì Lǐ lǎoshī.
26. 打 电话 的 那个 人 是 李 老师。

　　　Zhè sì běn shū Bàba dōu kàn le.
27. 这 四 本 书 爸爸 都 看 了。

　　　Wáng xiǎojiě qù hē chá le.
28. 王 小姐 去 喝 茶 了。

　　　Wǒ māma zuò de cài hěn hǎochī.
29. 我 妈妈 做 的 菜 很 好吃。

　　　Tā shì xiǎoxuéshēng.
30. 他 是 小学生。

第三部分

第31-35题

例如:	Xièxie Wáng lǎoshī. 谢谢 王 老师。	F	**A** Qī diǎn. 七 点。
31.	Tā jǐ tiān méi lái? 他 几 天 没 来?		**B** Yí ge xīngqī le. 一 个 星期 了。
32.	Nǐmen xuéxiào yǒu duōshao ge lǎoshī? 你们 学校 有 多少 个 老师?		**C** Huílai. 回来。
33.	Nǐ jīntiān zhù nǎr? 你 今天 住 哪儿?		**D** Sānshí ge. 三十 个。
34.	Bàba wǎnshang huílai ma? 爸爸 晚上 回来 吗?		**E** Péngyou jiā. 朋友 家。
35.	Nǐmen jǐ diǎn qù? 你们 几 点 去?		**F** Bú kèqi. 不 客气。

第四部分

第36-40题

	zěnmeyàng		duōshao		bú		zhù		xièxie		míngtiān
A	怎么样	**B**	多少	**C**	不	**D**	住	**E**	谢谢	**F**	明天

　　　　Wǒ yí ge rén
例如：我 一 个 人（ **D** ）。

　　　　　Jīntiān tiānqì
36. 男：今天 天气（　）？
　　　Jīntiān hěn lěng.
　　女：今天 很 冷。

　　　　　　　nǐ néng lái.
37. 男：（　）你 能 来。
　　　Bú kèqi.
　　女：不 客气。

　　　　　Nǐ huì xiě　　Hànzì?
38. 男：你 会 写（　）汉字？
　　　Sānshí ge.
　　女：三十 个。

　　　　　Tài wǎn le, wǒmen huí jiā le.
39. 男：太 晚 了，我们 回 家 了。
　　　Hǎo,　　 jiàn.
　　女：好，（　）见。

　　　　　Zuò zài nàr de rén shì shéi?
40. 女：坐 在 那儿 的 人 是 谁？
　　　Wǒ　　 rènshi tā.
　　男：我（　）认识 他。

新汉语水平考试
HSK（一级）
模拟考试 14

注　意

一、　HSK（一级）分两部分：

　　1. 听力(20题，约15分钟)

　　2. 阅读(20题，17分钟)

二、　听力结束后，有3分钟填写答题卡。

三、　全部考试约40分钟(含考生填写个人信息时间5分钟)。

一、听力
第一部分

第1-5题

例如:		✗
		✓
1.		
2.		
3.		
4.		
5.		

第二部分

第6-10题

例如：	 A ✓	 B	 C
6.	 A	 B	 C
7.	 A	 B	 C

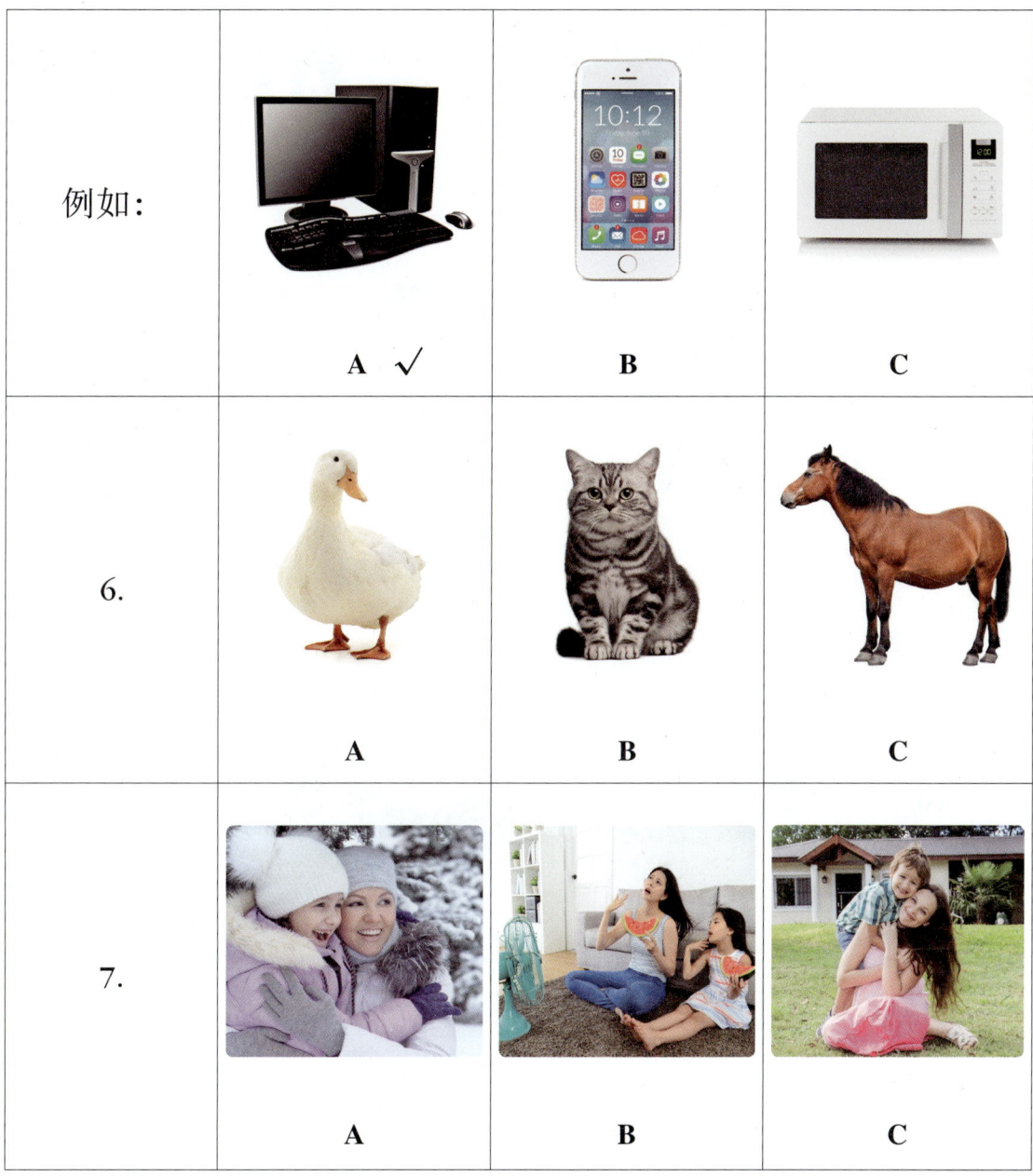

8.	 A	 B	 C
9.	 A	 B	 C
10.	 A	 B	 C

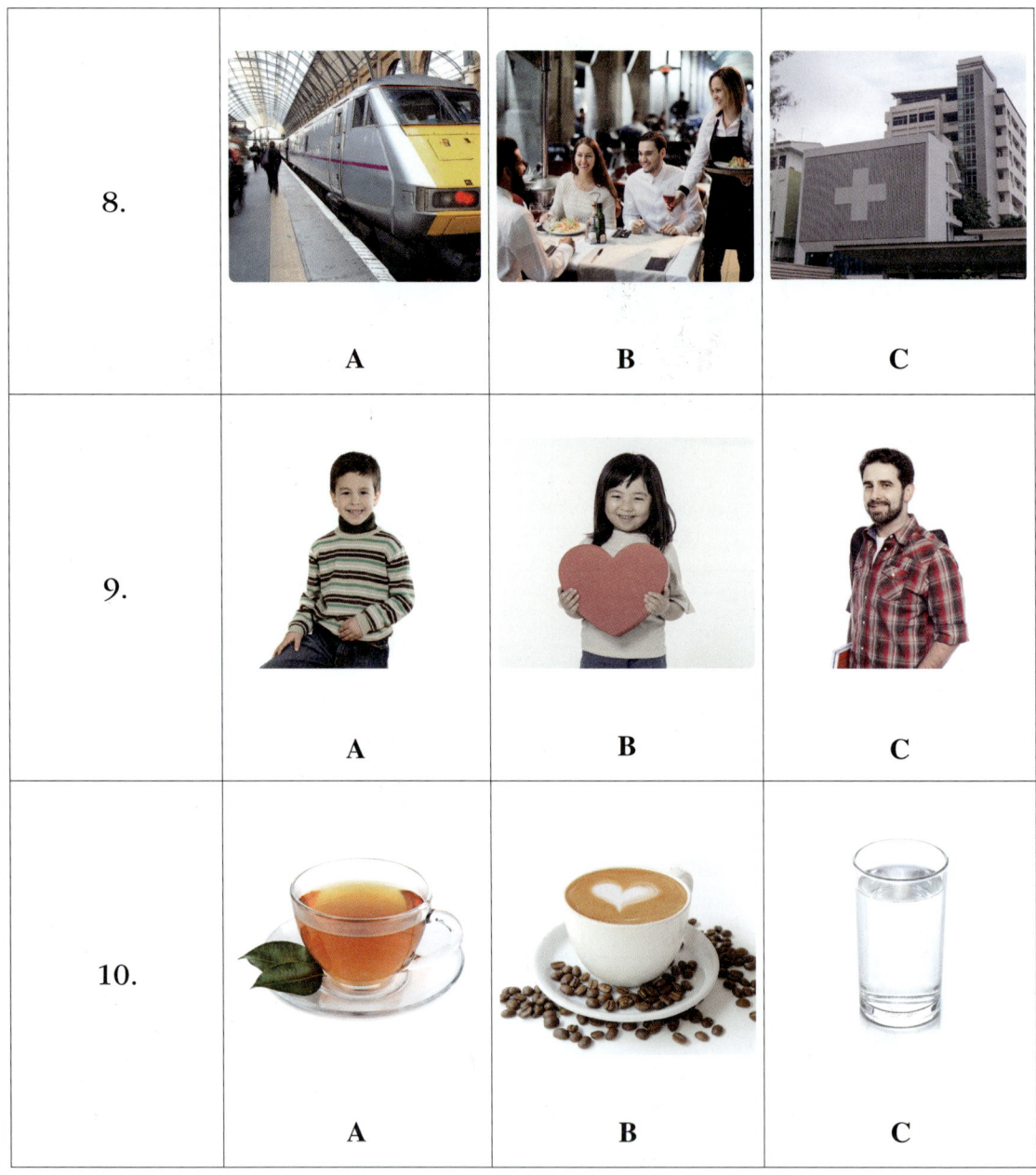

第三部分

第11-15题

A  B

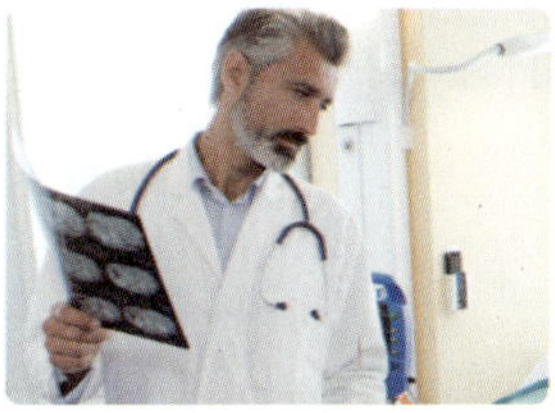

C  D

E  F

Lìrú　　　　Nǐ hǎo!
例如：男：你 好！

　　　　　Nǐ hǎo!　Hěn gāoxìng rènshi nǐ.
　　　女：你 好！很 高兴 认识 你。　　　　　　E

11.

12.

13.

14.

15.

第四部分

第16-20题

Wǒ nǚ'ér hěn xiǎo, jīnnián liù suì.
例如： 我 女儿 很 小，今年 六 岁。

Tā nǚ'ér jīnnián jǐ suì le?
问： 他 女儿 今年 几 岁 了？

sì suì **A** 四 岁	wǔ suì **B** 五 岁	liù suì **C** 六 岁 √

16.	shí kuài **A** 十 块	èrshí kuài **B** 二十 块	sānshí kuài **C** 三十 块
17.	míngtiān **A** 明天	xià ge xīngqī **B** 下 个 星期	xià ge yuè **C** 下 个 月
18.	wǒ gēge **A** 我 哥哥	wǒ mèimei **B** 我 妹妹	wǒ dìdi **C** 我 弟弟
19.	xīngqī'èr **A** 星期二	xīngqīsān **B** 星期三	xīngqīsì **C** 星期四
20.	kàn diànyǐng **A** 看 电影	chī fàn **B** 吃 饭	dǎ diànhuà **C** 打 电话

二、阅读

第一部分

第21-25题

例如：		shǎo 少	✗
		mǐfàn 米饭	✓
21.		chá 茶	
22.		píngguǒ 苹果	
23.		xià yǔ 下 雨	
24.		gāoxìng 高兴	
25.		xiǎo gǒu 小 狗	

第二部分

第26-30题

A  B  C  D  E  F

例如： Wǒ hěn xǐhuan zhège yǐzi.
我 很 喜欢 这个 椅子。 B

26. Tā zuò xiàwǔ liǎng diǎn de fēijī.
他 坐 下午 两 点 的 飞机。

27. Zhè shì wǒ nǚ péngyou, Huānhuan.
这 是 我 女 朋友， 欢欢。

28. Zhuōzi shang yǒu jǐ běn shū.
桌子 上 有 几 本 书。

29. Érzi huì zài diànnǎo shang dǎzì le.
儿子 会 在 电脑 上 打字 了。

30. Māma měitiān dōu yào mǎi hěn duō chī de.
妈妈 每天 都 要 买 很 多 吃 的。

第三部分

第31-35题

	Xièxie Wáng lǎoshī. 例如：谢谢 王 老师。	F	Shénme shū? A 什么 书？
31.	Nǐ jǐ diǎn huí jiā? 你 几 点 回 家？		Hǎo de. B 好 的。
32.	Wǒmen míngtiān qù kàn diànyǐng ba! 我们 明天 去 看 电影 吧！		Bā diǎn. C 八 点。
33.	Nǐ jīntiān hé māma zuò shénme le? 你 今天 和 妈妈 做 什么 了？		Shíjiǔ hào. D 十九 号。
34.	Tāmen nǎ tiān huí guó? 他们 哪 天 回 国？		Rènshile jǐ ge zì. E 认识了 几 个 字。
35.	Wǒ hěn xǐhuan kàn tā xiě de shū. 我 很 喜欢 看 他 写 的 书。		Bú kèqi. F 不 客气。

第四部分

第36-40题

	méi	kànjiàn	dōu	zhù	shéi	qiánmiàn
	A 没	B 看见	C 都	D 住	E 谁	F 前面

　　　　　Wǒ　yí　ge　rén
例如：我　一　个　人　（ D ）。

　　　　　　Nǐ　　　　Xiǎo Yǔ　le　ma?
36. 男：你（　）小　雨　了　吗？

　　　　Méiyǒu.
　　女：没有。

　　　　　　Wèi, lǎoshī jiào nǐ　ne!
37. 男：喂，老师　叫　你　呢！

　　　　Duìbuqǐ,　wǒ　　　　tīngjiàn.
　　女：对不起，我（　）听见。

　　　　　Nǐ jīntiān hé　　　　qù xuéxí le?
38. 男：你 今天 和 （　）去 学习 了？

　　　　Wǒ de tóngxué.
　　女：我 的 同学。

　　　　　Yǒu jǐ ge rén zài nǐ
39. 男：有 几 个 人 在 你（　）？

　　　　Yǒu sān ge.
　　女：有 三 个。

　　　　　Lǐ xiǎojiě hé Wáng xiānsheng zài nǎr?
40. 女：李 小姐 和 王 先生 在 哪儿？

　　　　Tāmen　　dōu huí jiā le.
　　男：他们（　）都 回 家 了。

新汉语水平考试
HSK（一级）
模拟考试 15

注　意

一、　HSK（一级）分两部分：

　　1. 听力(20题，约15分钟)

　　2. 阅读(20题，17分钟)

二、　听力结束后，有3分钟填写答题卡。

三、　全部考试约40分钟(含考生填写个人信息时间5分钟)。

一、听力
第一部分

第1-5题

例如：	 (图)	×
	 (图)	✓
1.	 (图)	
2.	 (图)	
3.	 (图)	
4.	 (图)	
5.	 (图)	

第二部分

第6-10题

例如:	 A ✓	 B	 C
6.	 A	 B	 C
7.	 A	 B	 C

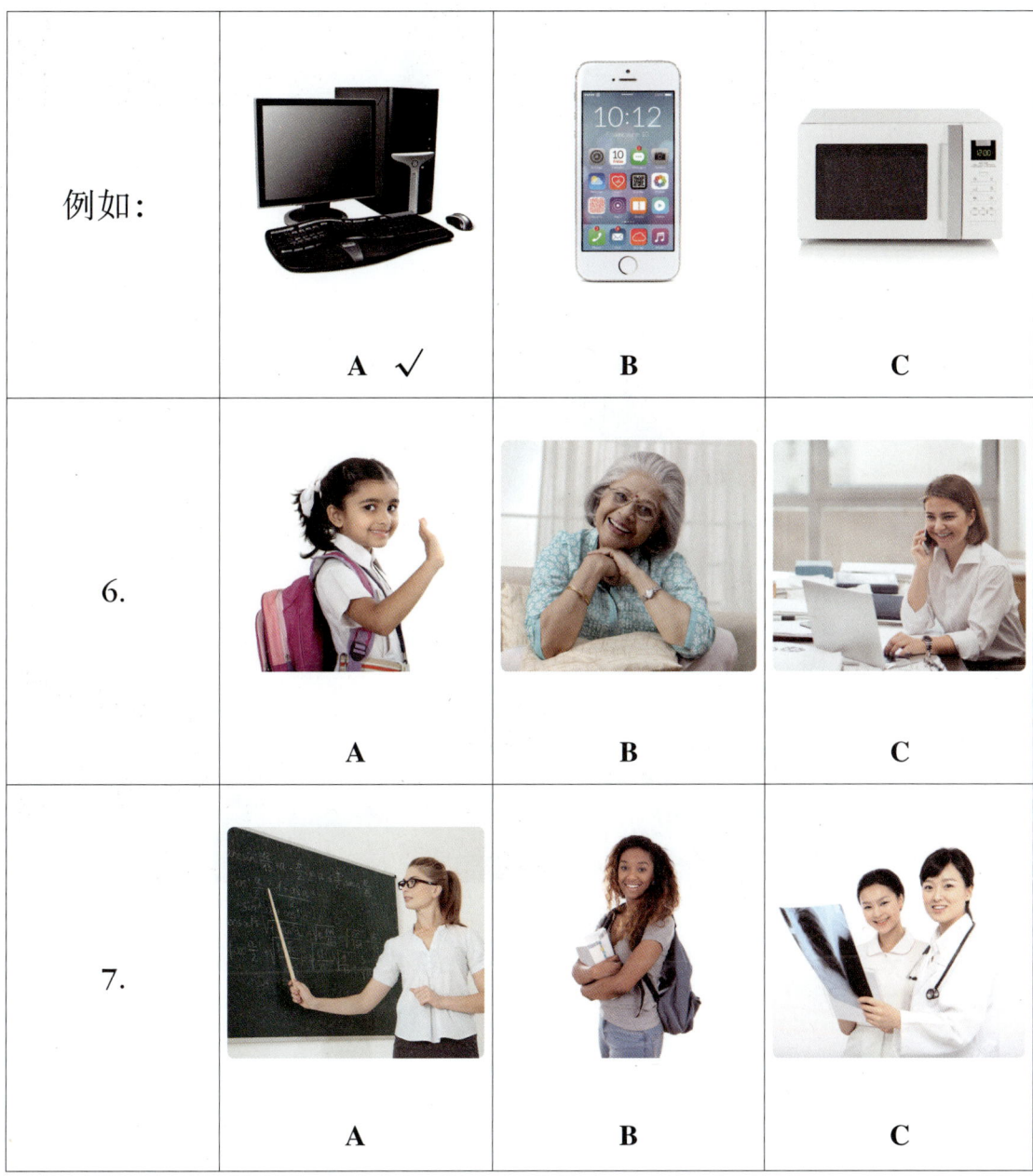

8.	 A	 B	 C
9.	 A	 B	 C
10.	 A	 B	 C

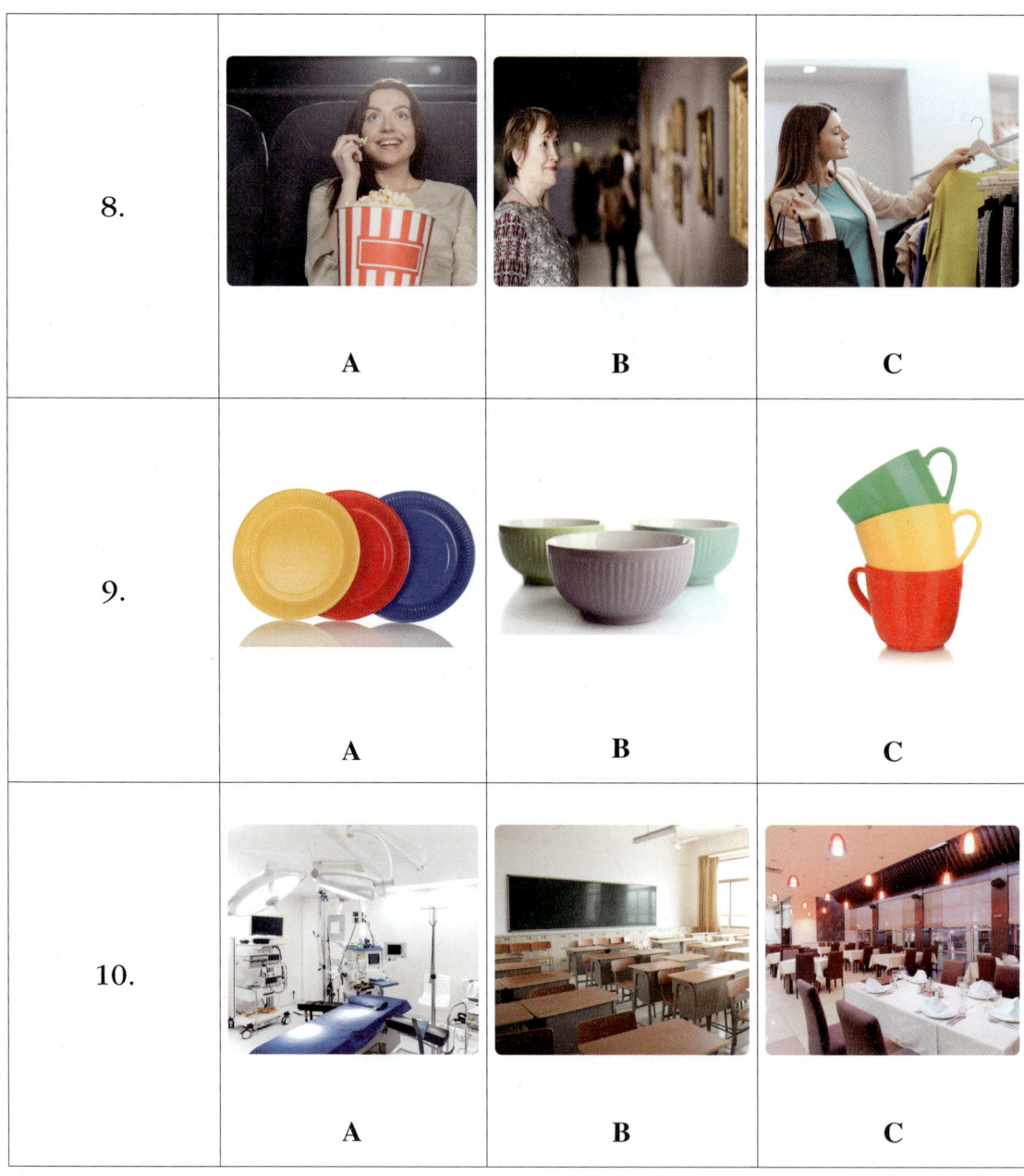

第三部分

第11-15题

A

B

C

D

E

F

Lìrú　　Nǐ hǎo!
例如：　男：你　好！

Nǐ hǎo! Hěn gāoxìng rènshi nǐ.
女：你　好！　很　高兴　认识　你。　　[E]

11. [ ]

12. [ ]

13. [ ]

14. [ ]

15. [ ]

15회

第四部分

第16-20题

例如：
Wǒ nǚ'ér hěn xiǎo, jīnnián liù suì.
我 女儿 很 小，今年 六 岁。

问：
Tā nǚ'ér jīnnián jǐ suì le?
他 女儿 今年 几 岁 了？

  A 四 岁 (sì suì)   B 五 岁 (wǔ suì)   C 六 岁 ✓ (liù suì)

16. A 一 年 (yì nián)   B 三 年 (sān nián)   C 四 年 (sì nián)

17. A 昨天 (zuótiān)   B 今天 (jīntiān)   C 明天 (míngtiān)

18. A 一 个 苹果 (yí ge píngguǒ)   B 三 个 苹果 (sān ge píngguǒ)   C 四 个 苹果 (sì ge píngguǒ)

19. A 七 点 (qī diǎn)   B 八 点 (bā diǎn)   C 九 点 (jiǔ diǎn)

20. A 桌子 上 (zhuōzi shang)   B 椅子 上 (yǐzi shang)   C 桌子 下 (zhuōzi xià)

二、阅读

第一部分

第21-25题

例如：		shǎo 少	×
		mǐfàn 米饭	√
21.		dú 读	
22.		gāoxìng 高兴	
23.		zuò 坐	
24.		māo 猫	
25.		fēijī 飞机	

第二部分

第26-30题

A

B

C

D

E

F

Wǒ hěn xǐhuan zhège yǐzi.
例如： 我 很 喜欢 这个 椅子。 B

Zhè jiā fàndiàn de cài hěn hǎochī.
26. 这 家 饭店 的 菜 很 好吃。 □

Yī yuè yī hào wǒ bú qù xuéxiào.
27. 一 月 一 号 我 不 去 学校。 □

Wǒmen zhù zài Běijīng.
28. 我们 住 在 北京。 □

Tā yǒu sān ge hǎo péngyou.
29. 她 有 三 个 好 朋友。 □

Xià yǔ le, huí jiā ba.
30. 下 雨 了，回 家 吧。 □

第三部分

第31-35题

例如： Xièxie Wáng lǎoshī.
谢谢 王 老师。 **F**

A Xīngqī'èr.
星期二。

31. Nǐ kànjiàn Gāo xiǎojiě le ma?
你 看见 高 小姐 了 吗？ ☐

B Méiyǒu.
没有。

32. Zhège shāngdiàn zěnmeyàng?
这个 商店 怎么样？ ☐

C Zhège shì.
这个 是。

33. Nǎge shì nǐ de bàba?
哪个 是 你 的 爸爸？ ☐

D Yīyuàn.
医院。

34. Tā xiànzài zài nǎr gōngzuò?
他 现在 在 哪儿 工作？ ☐

E Hěn dà.
很 大。

35. Jīntiān xīngqī jǐ?
今天 星期 几？ ☐

F Bú kèqi.
不 客气。

第四部分

第36-40题

	dōngxi		xiǎng		tiānqì		zhù		míngzi		dōu
A	东西	B	想	C	天气	D	住	E	名字	F	都

　　　　　Wǒ yí ge rén
例如：我 一 个 人（ D ）。

　　　　Nǐ jiào shénme
36. 你 叫 什么（　　）？

　　　　Nǐ hǎo, xiānsheng, nǐ xiǎng mǎi shénme
37. 你 好， 先生， 你 想 买 什么（　　）？

　　　　Míngtiān xīngqīliù, wǒmen kàn diànyǐng.
38. 明天 星期六，我们（　　）看 电影。

　　　　Bàba、 māma hěn ài wǒmen.
39. 爸爸、妈妈（　　）很 爱 我们。

　　　　Jīntiān zěnmeyàng?
40. 男：今天（　　）怎么样？
　　　　Hěn lěng.
　　　女：很 冷。

MEMO

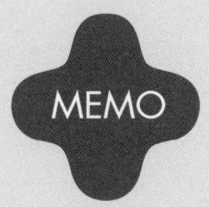

MEMO

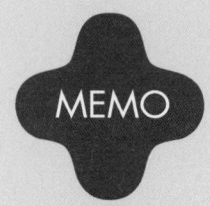

新 HSK 기출모의 문제집

박용호 · 赵春秋 · 杜欣 지음
한국중국어교육개발원 감수

정답 · 듣기 대본
답안지

1급

넥서스

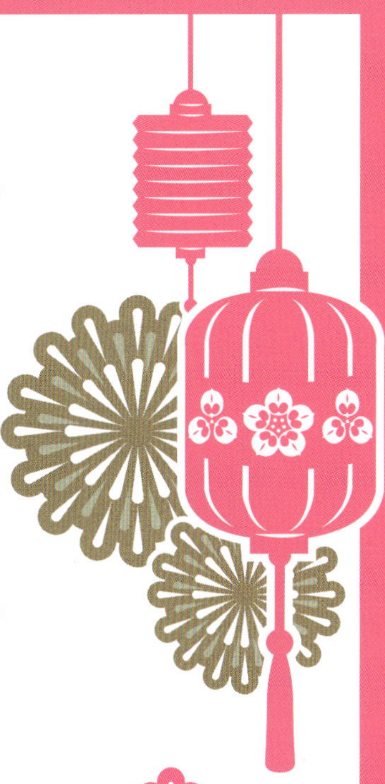

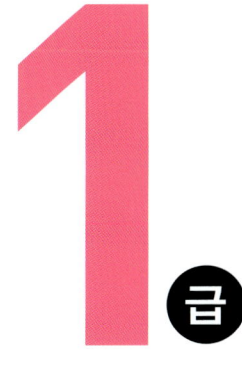

新

HSK

기출모의 문제집

정답·듣기 대본

답안지

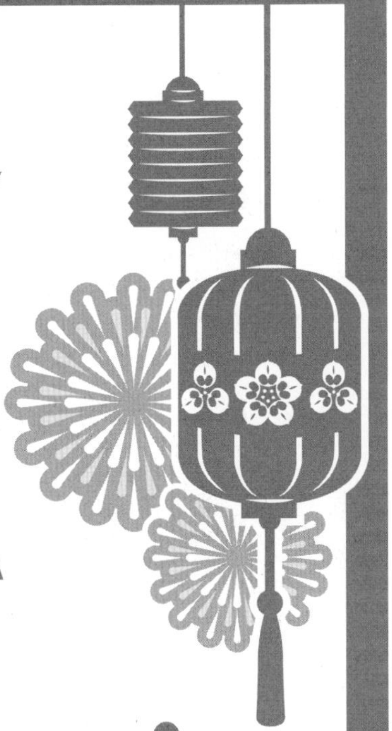

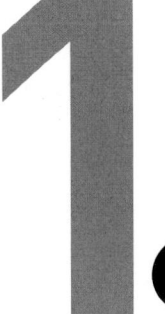

1급

넥서스

新 HSK 모의고사 제1회 정답

一. 听力

1. √	2. ×	3. √	4. ×	5. ×
6. **C**	7. **B**	8. **A**	9. **C**	10. **B**
11. **B**	12. **D**	13. **A**	14. **F**	15. **C**
16. **C**	17. **B**	18. **C**	19. **A**	20. **C**

二. 阅读

21. √	22. √	23. ×	24. √	25. ×
26. **D**	27. **F**	28. **E**	29. **A**	30. **C**
31. **B**	32. **E**	33. **C**	34. **A**	35. **D**
36. **E**	37. **C**	38. **B**	39. **F**	40. **A**

新 HSK 모의고사 제1회 듣기 대본

Dì-yī bùfen
第一 部分

Yígòng ge tí, měi tí tīng liǎng cì.
一共 5 个 题，每 题 听 两 次。

Lìrú: bù tīng
例如：不 听

hěn rè
很 热

Xiànzài kāishǐ dì tí:
现在 开始 第 1 题：

zuò fēijī
1. 坐 飞机

Lǐ xiānsheng
2. 李 先生

chī píngguǒ
3. 吃 苹果

kàn diànyǐng
4. 看 电影

hē shuǐ
5. 喝 水

Dì-èr bùfen
第二 部分

Yígòng ge tí, měi tí tīng liǎng cì.
一共 5 个 题，每 题 听 两 次。

Lìrú: Zhè shì wǒ de diànnǎo.
例如：这 是 我 的 电脑。

Xiànzài kāishǐ dì tí:
现在 开始 第 6 题：

Bàba zài kāichē.
6. 爸爸 在 开车。

Tā hěn gāoxìng.
7. 她 很 高兴。

Māma xǐhuan mǎi yīfu.
8. 妈妈 喜欢 买 衣服。

Jīntiān shàngwǔ xià yǔ le.
9. 今天 上午 下 雨 了。

Duō chī diǎnr shuǐguǒ.
10. 多 吃 点儿 水果。

Dì-sān bùfen
第三 部分

Yígòng ge tí, měi tí tīng liǎng cì.
一共 5 个 题，每 题 听 两 次。

Lìrú: Nǐ hǎo!
例如： 男：你 好！

Nǐ hǎo! Hěn gāoxìng rènshi nǐ.
女：你 好！很 高兴 认识 你。

Xiànzài kāishǐ dì tí:
现在 开始 第 11 题：

Nǐ zài nǎr?
11. 男：你 在 哪儿？

Wǒ zài yīyuàn.
女：我 在 医院。

Nǐ zuòle jǐ ge cài?
12. 男：你 做了 几 个 菜？

Liǎng ge.
女：两 个。

Tóngxué, nǐmen shénme shíhou kāixué?
13. 男：同学，你们 什么 时候 开学？

Sān yuè yī hào.
女：三 月 一 号。

Nǐ bàba zài zuò shénme?
14. 女：你 爸爸 在 做 什么？

Tā zài dǎ diànhuà.
男：他 在 打 电话。

Nǐ zuótiān wǎnshang xuéxí Hànyǔ le ma?
15. 男：你 昨天 晚上 学习 汉语 了 吗？

Shì de, wǒ xuéxíle Hànyǔ.
女：是 的，我 学习了 汉语。

Dì-sì bùfen
第四 部分

Yígòng ge tí, měi tí tīng liǎng cì.
一共 5 个 题，每 题 听 两 次。

Lìrú: Wǒ nǚ'ér hěn xiǎo, jīnnián liù suì.
例如：我 女儿 很 小，今年 六 岁。

Tā nǚ'ér jīnnián jǐ suì le?
问：他 女儿 今年 几 岁 了？

Xiànzài kāishǐ dì tí:
现在 开始 第 16 题：

Wáng xiānsheng měitiān jiǔ diǎn shuìjiào.
16. 王 先生 每天 九 点 睡觉。

Tā jǐ diǎn shuìjiào?
问：他 几 点 睡觉？

Wǒ xǐhuan hē shuǐ, bàba xǐhuan hē chá.
17. 我 喜欢 喝 水，爸爸 喜欢 喝 茶。

Bàba xǐhuan hē shénme?
问：爸爸 喜欢 喝 什么？

Wǒ nǚ'ér ài kàn shū, tā kànle liù běn shū le.
18. 我 女儿 爱 看 书，她 看了 六 本 书 了。

Tā nǚ'ér kànle jǐ běn shū?
问：他 女儿 看了 几 本 书？

Tā huì shuō Hànyǔ, tā péngyou huì zuò cài.
19. 他 会 说 汉语，他 朋友 会 做 菜。

Tā huì shénme?
问：他 会 什么？

Zhuōzi shang yǒu sān ge dà bēizi hé yí ge xiǎo bēizi.
20. 桌子 上 有 三 个 大 杯子 和 一 个 小 杯子。

Zhuōzi shang yǒu jǐ ge bēizi?
问：桌子 上 有 几 个 杯子？

HSK 모의고사 제2회 정답

一. 听力

1. √   2. ×   3. √   4. ×   5. ×

6. B   7. A   8. A   9. C   10. B

11. C   12. F   13. A   14. D   15. B

16. B   17. A   18. A   19. C   20. C

二. 阅读

21. ×   22. √   23. ×   24. ×   25. √

26. E   27. D   28. F   29. A   30. C

31. C   32. E   33. B   34. A   35. D

36. B   37. F   38. A   39. C   40. E

HSK 모의고사 제2회 듣기 대본

Dì-yī bùfen
第一 部分

Yígòng ge tí, měi tí tīng liǎng cì.
一共 5 个 题，每 题 听 两 次。

Lìrú: bù tīng
例如： 不 听

hěn rè
很 热

Xiànzài kāishǐ dì tí:
现在 开始 第 1 题：

kàn diànyǐng
1. 看 电影

yí kuài qián
2. 一 块 钱

dǎ diànhuà
3. 打 电话

hěn duō
4. 很 多

mǎi shū
5. 买 书

Dì-èr bùfen
第二 部分

Yígòng ge tí, měi tí tīng liǎng cì.
一共 5 个 题，每 题 听 两 次。

Lìrú: Zhè shì wǒ de diànnǎo.
例如：这 是 我 的 电脑。

Xiànzài kāishǐ dì tí:
现在 开始 第 6 题：

Zhè shì tā de xiǎo nǚ'ér.
6. 这 是 她 的 小 女儿。

Wǒ bàba shì yīshēng.
7. 我 爸爸 是 医生。

Zhè shì diànshì, nǐ xiǎng kàn diànshì ma?
8. 这 是 电视，你 想 看 电视 吗？

Nà shì shéi de xiǎo gǒu?
9. 那 是 谁 的 小 狗？

Māma zài zuò fàn.
10. 妈妈 在 做 饭。

Dì-sān bùfen
第三 部分

Yígòng ge tí, měi tí tīng liǎng cì.
一共 5 个 题，每 题 听 两 次。

Lìrú: Nǐ hǎo!
例如：男：你 好！

Nǐ hǎo! Hěn gāoxìng rènshi nǐ.
女：你 好！很 高兴 认识 你。

Xiànzài kāishǐ dì tí:
现在 开始 第 11 题：

Zhè jiàn yīfu zěnmeyàng?
11. 男：这 件 衣服 怎么样？

Hěn hǎokàn.
女：很 好看。

Nǐ zài zuò shénme ne?
12. 男：你 在 做 什么 呢？

Wǒ zài xuéxí.
女：我 在 学习。

Míngtiān tiānqì zěnmeyàng?
13. 男：明天 天气 怎么样？

Míngtiān hěn rè, méiyǒu yǔ.
女：明天 很 热，没有 雨。

Zhège yǐzi yǒudiǎnr xiǎo.
14. 女：这个 椅子 有点儿 小。

Shì de, mǎi nàge dà de.
男：是 的，买 那个 大 的。

15. 男：星期日 你 想 做 什么？
    女：我 想 睡觉。

第四部分

一共 5 个 题，每 题 听 两 次。

例如：我 女儿 很 小，今年 六 岁。
问：他 女儿 今年 几 岁 了？

现在 开始 第 16 题：

16. 他 想 在 饭店 吃 午饭。
    问：他 想 什么 时候 去 饭店 吃 饭？

17. 妈妈 买了 一些 苹果。
    问：妈妈 买了 什么？

18. 我 有 两 个 孩子，一 个 儿子、一 个 女儿。
    问：她 有 几 个 女儿？

19. 今天 上午 他 去 医院 了。
    问：他 去 哪儿 了？

20. 星期一 爸爸 坐 飞机 去 北京。
    问：爸爸 怎么 去 北京？

HSK 모의고사 제3회 정답

一. 听力

1. ×   2. √   3. ×   4. √   5. ×

6. C   7. B   8. A   9. B   10. B

11. A   12. C   13. D   14. B   15. F

16. A   17. A   18. B   19. B   20. C

二. 阅读

21. ×   22. √   23. ×   24. √   25. ×

26. C   27. A   28. F   29. E   30. D

31. A   32. D   33. B   34. E   35. C

36. C   37. A   38. E   39. B   40. F

HSK 모의고사 제3회 듣기 대본

Dì-yī bùfen
第一 部分

Yígòng ge tí, měi tí tīng liǎng cì.
一共 5 个 题，每 题 听 两 次。

Lìrú: bù tīng
例如： 不 听

　　　 hěn rè
　　　 很 热

Xiànzài kāishǐ dì　 tí:
现在 开始 第 1 题:

　　　shàng chūzūchē
1.　 上　出租车

　　　qù Běijīng
2.　 去 北京

　　　bā běn shū
3.　 八 本 书

　　　mǎi cài
4.　 买 菜

　　　bú shuìjiào
5.　 不 睡觉

Dì-èr bùfen
第二 部分

Yígòng ge tí, měi tí tīng liǎng cì.
一共 5 个 题，每 题 听 两 次。

Lìrú: Zhè shì wǒ de diànnǎo.
例如：这 是 我 的 电脑。

Xiànzài kāishǐ dì　 tí:
现在 开始 第 6 题:

　　　Tāmen xǐhuan kàn diànyǐng.
6.　 他们 喜欢 看 电影。

Fàndiàn li yǒu hěn duō rén.
7. 饭店 里 有 很 多 人。

Wǒ xiǎng chī yìxiē shuǐguǒ.
8. 我 想 吃 一些 水果。

Bàba mǎile yīfu.
9. 爸爸 买了 衣服。

Lǐ xiǎojiě zài dǎ diànhuà.
10. 李 小姐 在 打 电话。

Dì-sān bùfen
第三 部分

Yígòng ge tí, měi tí tīng liǎng cì.
一共 5 个 题，每 题 听 两 次。

Lìrú: Nǐ hǎo!
例如： 男：你 好！

Nǐ hǎo! Hěn gāoxìng rènshi nǐ.
女：你 好！很 高兴 认识 你。

Xiànzài kāishǐ dì tí:
现在 开始 第 11 题：

Zhè wèi xiānsheng shì lǎoshī ma?
11. 男：这 位 先生 是 老师 吗？

Shì de.
女：是 的。

Jīntiān shì jǐ yuè jǐ rì?
12. 男：今天 是 几 月 几 日？

Jīntiān shì jiǔ yuè liù rì.
女：今天 是 九 月 六 日。

Piàoliang de xiǎo gǒu zài nǎr?
13. 男：漂亮 的 小 狗 在 哪儿？

Zài diànshì qiánmiàn.
女：在 电视 前面。

Nǐ jǐ diǎn qù xuéxiào?
14. 男：你 几 点 去 学校？

Wǒ bā diǎn qù xuéxiào.
女：我 八 点 去 学校。

Nǐ de diànhuà shì duōshao?
15. 男：你 的 电话 是 多少？

Wǒ de diànhuà shì
女：我 的 电话 是 13342417682。

Dì-sì bùfen
第四 部分

Yígòng ge tí, měi tí tīng liǎng cì.
一共 5 个 题，每 题 听 两 次。

Lìrú: Wǒ nǚ'ér hěn xiǎo, jīnnián liù suì.
例如：我 女儿 很 小，今年 六 岁。

Tā nǚ'ér jīnnián jǐ suì le?
问：他 女儿 今年 几 岁 了？

Xiànzài kāishǐ dì tí:
现在 开始 第 16 题：

Yǐzi shang yǒu sān ge píngguǒ.
16. 椅子 上 有 三 个 苹果。

Yǐzi shang yǒu jǐ ge píngguǒ?
问：椅子 上 有 几 个 苹果？

Zhāng xiānsheng zuò fēijī qù Shǒu'ěr.
17. 张 先生 坐 飞机 去 首尔。

Zhāng xiānsheng zěnme qù Shǒu'ěr?
问：张 先生 怎么 去 首尔？

Tā jīntiān qù mǎi cài.
18. 他 今天 去 买 菜。

Tā jīntiān qù mǎi shénme?
问：他 今天 去 买 什么？

Wǒmen qù fàndiàn yào shí fēnzhōng.
19. 我们 去 饭店 要 十 分钟。

Wǒmen qù fàndiàn yào jǐ fēnzhōng?
问：我们 去 饭店 要 几 分钟？

Wǒ de érzi zuótiān méi qù xuéxiào.
20. 我 的 儿子 昨天 没 去 学校。

Shéi zuótiān méi qù xuéxiào?
问：谁 昨天 没 去 学校？

HSK 모의고사 제4회 정답

一. 听力

1. √ 2. × 3. √ 4. × 5. √

6. B 7. B 8. A 9. A 10. C

11. A 12. C 13. B 14. F 15. D

16. A 17. C 18. B 19. A 20. B

二. 阅读

21. √ 22. × 23. × 24. × 25. √

26. E 27. D 28. F 29. C 30. A

31. E 32. C 33. A 34. D 35. B

36. E 37. F 38. B 39. A 40. C

HSK 모의고사 제4회 듣기 대본

Dì-yī bùfen
第一 部分

Yígòng ge tí, měi tí tīng liǎng cì.
一共 5 个 题，每 题 听 两 次。

Lìrú: bù tīng
例如： 不 听

　　　hěn rè
　　　很 热

Xiànzài kāishǐ dì tí:
现在 开始 第 1 题：

　　zuò fēijī
1. 坐 飞机

　　kàn diànshì
2. 看 电视

　　dǎ diànhuà
3. 打 电话

　　mǎi zhuōzi
4. 买 桌子

　　yí ge bēizi
5. 一 个 杯子

Dì-èr bùfen
第二 部分

Yígòng ge tí, měi tí tīng liǎng cì.
一共 5 个 题，每 题 听 两 次。

Lìrú: Zhè shì wǒ de diànnǎo.
例如：这 是 我 的 电脑。

Xiànzài kāishǐ dì tí:
现在 开始 第 6 题：

　　Nà shì wǒ de māo.
6. 那 是 我 的 猫。

Tā qù yīyuàn kàn yīshēng le.
7. 他 去 医院 看 医生 了。

Tiānqì yǒudiǎnr lěng.
8. 天气 有点儿 冷。

Xuéshengmen zài chī fàn.
9. 学生们 在 吃 饭。

Zhuōzi shang yǒu hē de dōngxi.
10. 桌子 上 有 喝 的 东西。

Dì-sān bùfen
第三 部分

Yígòng ge tí, měi tí tīng liǎng cì.
一共 5 个 题，每 题 听 两 次。

Lìrú: Nǐ hǎo!
例如： 男：你 好！

Nǐ hǎo! Hěn gāoxìng rènshi nǐ.
女：你 好！很 高兴 认识 你。

Xiànzài kāishǐ dì tí:
现在 开始 第 11 题：

Nǐ xiànzài zài jiā ma?
11. 男：你 现在 在 家 吗？

Wǒ zài xuéxiào.
女：我 在 学校。

Nǐ de nǚ'ér shì zuò shénme gōngzuò de?
12. 男：你 的 女儿 是 做 什么 工作 的？

Tā shì yīshēng.
女：她 是 医生。

Nǐ hǎo, xiànzài jǐ diǎn le?
13. 男：你 好，现在 几 点 了？

Jiǔ diǎn.
女：九 点。

Duìbuqǐ, wǒ láiwǎn le.
14. 女：对不起，我 来晚 了。

Méi guānxi.
男：没 关系。

Nǐ jīntiān zhōngwǔ chī shénme le?
15. 男：你 今天 中午 吃 什么 了？

Chīle Zhōngguó cài.
女：吃了 中国 菜。

Dì-sì bùfen
第四 部分

Yígòng ge tí, měi tí tīng liǎng cì.
一共 5 个 题，每 题 听 两 次。

Lìrú: Wǒ nǚ'ér hěn xiǎo, jīnnián liù suì.
例如：我 女儿 很 小，今年 六 岁。

Tā nǚ'ér jīnnián jǐ suì le?
问：他 女儿 今年 几 岁 了？

Xiànzài kāishǐ dì tí:
现在 开始 第 16 题：

Míngtiān wǒ zuò chūzūchē qù xuéxiào.
16. 明天 我 坐 出租车 去 学校。

Tā míngtiān zěnme qù xuéxiào?
问：他 明天 怎么 去 学校？

Zuótiān shì sān yuè bā hào, xīngqīsān.
17. 昨天 是 三 月 八 号，星期三。

Jīntiān xīngqī jǐ?
问：今天 星期 几？

Jiā li shuǐguǒ tài shǎo le, wǒ qù mǎi yìxiē.
18. 家 里 水果 太 少 了，我 去 买 一些。

Tā xiǎng qù nǎli?
问：他 想 去 哪里？

Tā shàngwǔ gōngzuò, xiàwǔ shuìjiào.
19. 她 上午 工作，下午 睡觉。

Tā shàngwǔ zuò shénme?
问：她 上午 做 什么？

Wǒ xǐhuan hé wǒ de tóngxué qù Běijīng.
20. 我 喜欢 和 我 的 同学 去 北京。

Tā xǐhuan hé shéi qù Běijīng?
问：他 喜欢 和 谁 去 北京？

HSK 모의고사 제5회 정답

一. 听力

1. √   2. √   3. ×   4. ×   5. √

6. A   7. C   8. B   9. A   10. A

11. F   12. C   13. B   14. D   15. A

16. A   17. B   18. C   19. B   20. C

二. 阅读

21. ×   22. √   23. ×   24. √   25. ×

26. D   27. F   28. A   29. E   30. C

31. D   32. B   33. E   34. C   35. A

36. B   37. E   38. F   39. A   40. C

HSK 모의고사 제5회 듣기 대본

Dì-yī bùfen
第一 部分

Yígòng ge tí, měi tí tīng liǎng cì.
一共 5 个 题，每 题 听 两 次。

Lìrú: bù tīng
例如： 不 听

      hěn rè
      很 热

Xiànzài kāishǐ dì tí:
现在 开始 第 1 题：

   qù Běijīng
1. 去 北京

   hē chá
2. 喝 茶

   shí diǎn
3. 十 点

   kàn shū
4. 看 书

   xià yǔ
5. 下 雨

Dì-èr bùfen
第二 部分

Yígòng ge tí, měi tí tīng liǎng cì.
一共 5 个 题，每 题 听 两 次。

Lìrú: Zhè shì wǒ de diànnǎo.
例如：这 是 我 的 电脑。

Xiànzài kāishǐ dì tí:
现在 开始 第 6 题：

   Tā māma hěn piàoliang.
6. 他 妈妈 很 漂亮。

Zhè shì wǒmen de xuéxiào.
7. 这 是 我们 的 学校。

Wǒ ài chī shuǐguǒ.
8. 我 爱 吃 水果。

Wǒ de mǐfàn tài duō le.
9. 我 的 米饭 太 多 了。

Wǒ de érzi zài dǎ diànhuà.
10. 我 的 儿子 在 打 电话。

Dì-sān bùfen
第三 部分

Yígòng ge tí, měi tí tīng liǎng cì.
一共 5 个 题，每 题 听 两 次。

Lìrú: Nǐ hǎo!
例如： 男：你 好！

Nǐ hǎo! Hěn gāoxìng rènshi nǐ.
女：你 好！很 高兴 认识 你。

Xiànzài kāishǐ dì tí:
现在 开始 第 11 题：

Jīntiān shì xīngqī jǐ?
11. 男：今天 是 星期 几？

Xīngqīyī.
女：星期一。

Yīfu mǎi le ma?
12. 男：衣服 买 了 吗？

Méi mǎi, tài xiǎo le.
女：没 买，太 小 了。

Nǐ jīnnián duō dà le?
13. 男：你 今年 多 大 了？

Wǒ jīnnián shíbā suì le.
女：我 今年 十八 岁 了。

Nǐ bàba xǐhuan shénme shuǐguǒ?
14. 女：你 爸爸 喜欢 什么 水果？

Tā xǐhuan píngguǒ.
男：他 喜欢 苹果。

Tā shì shéi?
15. 女：他 是 谁？

Tā jiào Wáng Míng, shì Zhōngguórén.
男：他 叫 王 明，是 中国人。

Dì-sì bùfen
第四 部分

Yígòng ge tí, měi tí tīng liǎng cì.
一共 5 个 题，每 题 听 两 次。

Lìrú: Wǒ nǚ'ér hěn xiǎo, jīnnián liù suì.
例如：我 女儿 很 小，今年 六 岁。

Tā nǚ'ér jīnnián jǐ suì le?
问：他 女儿 今年 几 岁 了？

Xiànzài kāishǐ dì tí:
现在 开始 第 16 题：

Jiā li méiyǒu cài le, wǒ xiǎng qù shāngdiàn mǎi yìdiǎnr.
16. 家 里 没有 菜 了，我 想 去 商店 买 一点儿。

Tā xiǎng mǎi shénme?
问：她 想 买 什么？

Jīntiān shì yī yuè èrshíwǔ rì, wǒ liǎng tiān hòu huí jiā.
17. 今天 是 一 月 二十五 日，我 两 天 后 回 家。

Tā nǎ tiān huí jiā?
问：他 哪 天 回 家？

Wǒ míngtiān qù fàndiàn jiàn péngyou.
18. 我 明天 去 饭店 见 朋友。

Tā qù fàndiàn zuò shénme?
问：她 去 饭店 做 什么？

Wǒ nǚ'ér jīntiān zuò qìchē huílai.
19. 我 女儿 今天 坐 汽车 回来。

Tā nǚ'ér zěnme huílai?
问：他 女儿 怎么 回来？

Tāmen xiǎng qù Zhōngguó xuéxí Hànyǔ.
20. 他们 想 去 中国 学习 汉语。

Tāmen xiǎng qù Zhōngguó zuò shénme?
问：他们 想 去 中国 做 什么？

HSK 모의고사 제6회 정답

一. 听力

1. × 2. √ 3. × 4. √ 5. ×

6. C 7. B 8. B 9. A 10. B

11. F 12. A 13. D 14. C 15. B

16. C 17. B 18. C 19. C 20. B

二. 阅读

21. √ 22. × 23. × 24. √ 25. √

26. F 27. A 28. D 29. C 30. E

31. D 32. A 33. C. 34. B 35. E

36. A 37. C 38. F 39. E 40. B

HSK 모의고사 제6회 듣기 대본

Dì-yī bùfen
第一 部分

Yígòng ge tí, měi tí tīng liǎng cì.
一共 5 个 题，每 题 听 两 次。

Lìrú: bù tīng
例如： 不 听

hěn rè
很 热

Xiànzài kāishǐ dì tí:
现在 开始 第 1 题：

qù mǎi cài
1. 去 买 菜

zài kàn shū
2. 在 看 书

zhù xuéxiào
3. 住 学校

qǐng hē shuǐ
4. 请 喝 水

zuò chūzūchē
5. 坐 出租车

Dì-èr bùfen
第二 部分

Yígòng ge tí, měi tí tīng liǎng cì.
一共 5 个 题，每 题 听 两 次。

Lìrú: Zhè shì wǒ de diànnǎo.
例如：这 是 我 的 电脑。

Xiànzài kāishǐ dì tí:
现在 开始 第 6 题：

Wáng xiānsheng, qǐng zuò.
6. 王 先生， 请 坐。

7. 现在是中午十二点。

8. 我们学校女老师多。

9. 今天太冷了。

10. 开车的时候不能打电话。

第三部分

一共5个题，每题听两次。

例如：男：你好！
　　　女：你好！很高兴认识你。

现在开始第11题：

11. 男：你儿子几岁上小学？
　　女：6岁。

12. 男：这个大衣有大号的吗？
　　女：对不起，没有了。

13. 男：你住哪个房间？
　　女：我住在201。

14. 女：你中午在哪儿吃饭？
　　男：在学校。

Tā shì shéi?
15. 男：她 是 谁？

Tā shì wǒ de Zhōngguó péngyou.
女：她 是 我 的 中国 朋友。

Dì-sì bùfen
第四 部分

Yígòng ge tí, měi tí tīng liǎng cì.
一共 5 个 题，每 题 听 两 次。

Lìrú: Wǒ nǚ'ér hěn xiǎo, jīnnián liù suì.
例如：我 女儿 很 小，今年 六 岁。

Tā nǚ'ér jīnnián jǐ suì le?
问：他 女儿 今年 几 岁 了？

Xiànzài kāishǐ dì tí:
现在 开始 第 16 题：

Wǒ lái Zhōngguó nián le.
16. 我 来 中国 5 年 了。

Tā lái Zhōngguó jǐ nián le?
问：他 来 中国 几 年 了？

Míngtiān shàngwǔ wǒmen zài xuéxiào jiàn.
17. 明天 上午 我们 在 学校 见。

Míngtiān shàngwǔ tāmen zài nǎr jiàn?
问：明天 上午 他们 在 哪儿 见？

Wǒ xiǎng mǎi yìxiē zhuōyǐ.
18. 我 想 买 一些 桌椅。

Tā xiǎng mǎi shénme?
问：他 想 买 什么？

Zuótiān xià yǔ le, yǒudiǎnr lěng. Jīntiān hěn rè.
19. 昨天 下 雨 了，有点儿 冷。今天 很 热。

Jīntiān tiānqì zěnmeyàng?
问：今天 天气 怎么样？

Jīntiān shì nián yuè rì xīngqīsān.
20. 今天 是 2018 年 12 月 14 日 星期三。

Míngtiān xīngqī jǐ?
问：明天 星期 几？

HSK 모의고사 제7회 정답

一. 听力

1. ×   2. ×   3. √   4. √   5. √

6. C   7. A   8. B   9. A   10. C

11. D   12. F   13. C   14. B   15. A

16. B   17. A   18. C   19. B   20. C

二. 阅读

21. √   22. √   23. ×   24. ×   25. ×

26. C   27. F   28. E   29. D   30. A

31. C   32. D   33. A   34. B   35. E

36. C   37. B   38. F   39. A   40. E

HSK 모의고사 제7회 듣기 대본

Dì-yī bùfen
第一 部分

Yígòng ge tí, měi tí tīng liǎng cì.
一共 5 个 题，每 题 听 两 次。

Lìrú: bù tīng
例如： 不 听

　　　 hěn rè
　　　 很 热

Xiànzài kāishǐ dì tí:
现在 开始 第 1 题：

　　　bàba hé māma
1.　爸爸 和 妈妈

　　　sì yuè
2.　四 月

　　　mǎi diànnǎo
3.　买 电脑

　　　hǎo tiānqì
4.　好 天气

　　　sān ge péngyou
5.　三 个 朋友

Dì-èr bùfen
第二 部分

Yígòng ge tí, měi tí tīng liǎng cì.
一共 5 个 题，每 题 听 两 次。

Lìrú: Zhè shì wǒ de diànnǎo.
例如：这 是 我 的 电脑。

Xiànzài kāishǐ dì tí:
现在 开始 第 6 题：

　　　Diànshì zài nàr.
6.　电视 在 那儿。

Zuótiān zuò de cài dōu chī le ma?
7. 昨天 做 的 菜 都 吃 了 吗?

Shuìjiào le, bù kěyǐ dǎ diànhuà le.
8. 睡觉 了，不 可以 打 电话 了。

Shí fēnzhōng hòu qù wǒmen xuéxiào.
9. 十 分钟 后 去 我们 学校。

Shéi shì nǐmen de Hànyǔ lǎoshī?
10. 谁 是 你们 的 汉语 老师?

Dì-sān bùfen
第三 部分

Yígòng ge tí, měi tí tīng liǎng cì.
一共 5 个 题，每 题 听 两 次。

Lìrú: Nǐ hǎo!
例如： 男：你 好！

Nǐ hǎo! Hěn gāoxìng rènshi nǐ.
女：你 好！很 高兴 认识 你。

Xiànzài kāishǐ dì tí:
现在 开始 第 11 题:

Wǒ lái kāichē.
11. 男：我 来 开车。

Hǎo, wǒ hé nǚ'ér zuò hòumiàn.
女：好，我 和 女儿 坐 后面。

Jīntiān wǒ bù chī zǎofàn le.
12. 男：今天 我 不 吃 早饭 了。

Chī yìdiǎnr ba.
女：吃 一点儿 吧。

Kàn shū kànlèi le ba?
13. 男：看 书 看累 了 吧?

Shì de, kàn liǎng ge xiǎoshí le.
女：是 的，看 两 个 小时 了。

Wéi, míngtiān nǐ néng lái ma?
14. 女：喂，明天 你 能 来 吗?

Néng, wǒ xiàwǔ zuò chūzūchē qù.
男：能，我 下午 坐 出租车 去。

Yīshēng, tā xiànzài zěnmeyàng?
15. 男：医生，她 现在 怎么样？

Hǎo duō le.
女：好 多 了。

Dì-sì bùfen
第四 部分

Yígòng ge tí, měi tí tīng liǎng cì.
一共 5 个 题，每 题 听 两 次。

Lìrú: Wǒ nǚ'ér hěn xiǎo, jīnnián liù suì.
例如： 我 女儿 很 小，今年 六 岁。

Tā nǚ'ér jīnnián jǐ suì le?
问：他 女儿 今年 几 岁 了？

Xiànzài kāishǐ dì tí:
现在 开始 第 16 题：

Bàba měitiān wǔfàn hòu dōu hē chá.
16. 爸爸 每天 午饭 后 都 喝 茶。

Bàba shénme shíhou hē chá?
问：爸爸 什么 时候 喝 茶？

Tā xǐhuan kàn diànyǐng xué Hànyǔ.
17. 他 喜欢 看 电影 学 汉语。

Tā zěnme xuéxí Hànyǔ?
问：他 怎么 学习 汉语？

Wǒmen yì jiā rén zài Běijīng zhùle shí nián.
18. 我们 一 家 人 在 北京 住了 十 年。

Tāmen zài Běijīng zhùle jǐ nián?
问：他们 在 北京 住了 几 年？

Tiānqì lěng le, wǒ yào qù mǎi yīfu.
19. 天气 冷 了，我 要 去 买 衣服。

Tā yào qù mǎi shénme?
问：她 要 去 买 什么？

Shāngdiàn jiǔ diǎn kāi, wǒ bā diǎn lái jiào nǐ.
20. 商店 九 点 开，我 八 点 来 叫 你。

Shāngdiàn jǐ diǎn kāi?
问：商店 几 点 开？

HSK 모의고사 제8회 정답

一. 听力

1. √   2. ×   3. ×   4. √   5. ×

6. A   7. B   8. C   9. A   10. B

11. F   12. C   13. A.   14. D   15. B

16. C   17. B   18. A   19. B   20. C

二. 阅读

21. √   22. ×   23. √   24. √   25. ×

26. D   27. C   28. E   29. F   30. A

31. A   32. B   33. E.   34. D   35. C

36. F   37. B   38. C   39. A   40. E

HSK 모의고사 제8회 듣기 대본

Dì-yī bùfen
第一 部分

Yígòng ge tí, měi tí tīng liǎng cì.
一共 5 个 题，每 题 听 两 次。

Lìrú: bù tīng
例如：不 听

hěn rè
很 热

Xiànzài kāishǐ dì tí:
现在 开始 第 1 题：

hěn lěng
1. 很 冷

kàn diànshì
2. 看 电视

hē shuǐ
3. 喝 水

liù ge rén
4. 六 个 人

hěn gāoxìng
5. 很 高兴

Dì-èr bùfen
第二 部分

Yígòng ge tí, měi tí tīng liǎng cì.
一共 5 个 题，每 题 听 两 次。

Lìrú: Zhè shì wǒ de diànnǎo.
例如：这 是 我 的 电脑。

Xiànzài kāishǐ dì tí:
现在 开始 第 6 题：

Tā de nǚ'ér hěn piàoliang.
6. 她 的 女儿 很 漂亮。

Wǒ yǒu yí ge píngguǒ.
7. 我 有 一 个 苹果。

Tā zài xuéxí xiě zì.
8. 他 在 学习 写 字。

Fàndiàn li méiyǒu shénme rén.
9. 饭店 里 没有 什么 人。

Zhège zhuōzi bāshí kuài qián.
10. 这个 桌子 八十 块 钱。

Dì-sān bùfen
第三 部分

Yígòng ge tí, měi tí tīng liǎng cì.
一共 5 个 题，每 题 听 两 次。

Lìrú: Nǐ hǎo!
例如： 男：你 好！

Nǐ hǎo! Hěn gāoxìng rènshi nǐ.
女：你 好！很 高兴 认识 你。

Xiànzài kāishǐ dì tí:
现在 开始 第 11 题：

Nǐ shuō de nàge fàndiàn zài nǎr?
11. 男：你 说 的 那个 饭店 在 哪儿？

Zài xuéxiào de qiánmiàn.
女：在 学校 的 前面。

Zhuōzi shang de píngguǒ ne?
12. 男：桌子 上 的 苹果 呢？

Wǒ chī le.
女：我 吃 了。

Māma bú zài jiā, shéi zuò fàn ne?
13. 男：妈妈 不 在 家，谁 做 饭 呢？

Wǒ huì zuò.
女：我 会 做。

Wǒ bù xiǎng qù yīyuàn.
14. 男：我 不 想 去 医院。

Qù ba.
女：去 吧。

Nǐ zài zuò shénme?
15. 男：你 在 做 什么？

Wǒ zài kàn Hànyǔ shū.
女：我 在 看 汉语 书。

Dì-sì bùfen
第四 部分

Yígòng ge tí, měi tí tīng liǎng cì.
一共 5 个 题，每 题 听 两 次。

Lìrú: Wǒ nǚ'ér hěn xiǎo, jīnnián liù suì.
例如：我 女儿 很 小，今年 六 岁。

Tā nǚ'ér jīnnián jǐ suì le?
问：他 女儿 今年 几 岁 了？

Xiànzài kāishǐ dì tí:
现在 开始 第 16 题：

Wǒ jiào Lǐ Míng, wǒ shì Zhōngguórén.
16. 我 叫 李 明，我 是 中国人。

Tā shì nǎ guó rén?
问：他 是 哪 国 人？

Jīntiān shì bā yuè èrshíwǔ rì, xīngqīsì.
17. 今天 是 八 月 二十五 日，星期四。

Míngtiān xīngqī jǐ?
问：明天 星期 几？

Wǒ xiàwǔ qù shāngdiàn mǎi dōngxi.
18. 我 下午 去 商店 买 东西。

Tā xiàwǔ qù nǎr?
问：她 下午 去 哪儿？

Wǒ bàba xǐhuan kàn diànyǐng, hěn shǎo kàn diànshì.
19. 我 爸爸 喜欢 看 电影，很 少 看 电视。

Bàba xǐhuan zuò shénme?
问：爸爸 喜欢 做 什么？

Nà jǐ ge rén shì wǒ māma de xuésheng.
20. 那 几 个 人 是 我 妈妈 的 学生。

Tā māma zuò shénme gōngzuò?
问：他 妈妈 做 什么 工作？

HSK 모의고사 제9회 정답

一. 听力

1. √   2. ×   3. √   4. ×   5. √

6. B   7. C   8. A   9. C   10. B

11. A   12. F   13. D   14. C   15. B

16. C   17. B   18. C   19. B   20. A

二. 阅读

21. √   22. ×   23. √   24. √   25. ×

26. D   27. F   28. E   29. A   30. C

31. C   32. E   33. B.   34. D   35. A

36. B   37. E   38. C   39. A   40. F

HSK 모의고사 제9회 듣기 대본

Dì-yī bùfen
第一 部分

Yígòng ge tí, měi tí tīng liǎng cì.
一共 5 个 题，每 题 听 两 次。

Lìrú: bù tīng
例如： 不 听

hěn rè
很 热

Xiànzài kāishǐ dì tí:
现在 开始 第 1 题：

hē shuǐ
1. 喝 水

bú lèi
2. 不 累

kàn diànyǐng
3. 看 电影

mǎi cài
4. 买 菜

liǎng ge píngguǒ
5. 两 个 苹果

Dì-èr bùfen
第二 部分

Yígòng ge tí, měi tí tīng liǎng cì.
一共 5 个 题，每 题 听 两 次。

Lìrú: Zhè shì wǒ de diànnǎo.
例如：这 是 我 的 电脑。

Xiànzài kāishǐ dì tí:
现在 开始 第 6 题：

Wǒmen shāngdiàn méiyǒu shuǐguǒ.
6. 我们 商店 没有 水果。

Zhège yǐzi bù néng zuò le.
7. 这个 椅子 不 能 坐 了。

Wǒ xīngqīyī qù xuéxiào.
8. 我 星期一 去 学校。

Fàndiàn li rén hěn shǎo.
9. 饭店 里 人 很 少。

Bàba xiǎng kàn diànshì.
10. 爸爸 想 看 电视。

Dì-sān bùfen
第三 部分

Yígòng ge tí, měi tí tīng liǎng cì.
一共 5 个 题，每 题 听 两 次。

Lìrú: Nǐ hǎo!
例如： 男：你 好！

Nǐ hǎo! Hěn gāoxìng rènshi nǐ.
女：你 好！很 高兴 认识 你。

Xiànzài kāishǐ dì tí:
现在 开始 第 11 题:

Zhège xīngqī yǒu méiyǒu hǎo diànyǐng?
11. 男：这个 星期 有 没有 好 电影?

Xīngqī'èr yǒu.
女：星期二 有。

Hē yì bēi rè chá ba.
12. 男：喝 一 杯 热 茶 吧。

Hǎo, xièxie.
女：好，谢谢。

Nǐ rènshi tā ma?
13. 男：你 认识 他 吗?

Rènshi, tā shì wǒ de péngyou.
女：认识，他 是 我 的 朋友。

Wéi! Nǐmen zài nǎr xuéxí?
14. 男：喂！ 你们 在 哪儿 学习?

Zài wǒ dìdi de xuéxiào.
女：在 我 弟弟 的 学校。

Kàn, wǒmen jīntiān zuò de shì dà fēijī.
15. 男：看，我们 今天 坐 的 是 大 飞机。

Shì de, wǒmen zuò dà fēijī huí jiā.
女：是 的，我们 坐 大 飞机 回 家。

Dì-sì bùfen
第四 部分

Yígòng ge tí, měi tí tīng liǎng cì.
一共 5 个 题，每 题 听 两 次。

Lìrú: Wǒ nǚ'ér hěn xiǎo, jīnnián liù suì.
例如： 我 女儿 很 小， 今年 六 岁。

Tā nǚ'ér jīnnián jǐ suì le?
问：他 女儿 今年 几 岁 了？

Xiànzài kāishǐ dì tí:
现在 开始 第 16 题：

Míngtiān méiyǒu shì, wǒ xiǎng huí jiā.
16. 明天 没有 事，我 想 回 家。

Tā míngtiān qù nǎr?
问：他 明天 去 哪儿？

Māma shēngbìng le, wǒ xiàwǔ hé tā qù yīyuàn.
17. 妈妈 生病 了，我 下午 和 她 去 医院。

Shéi shēngbìng le?
问：谁 生病 了？

Xīngqīrì wǒ hé Wáng Fāng qù kàn diànyǐng le.
18. 星期日 我 和 王 方 去 看 电影 了。

Tāmen xīngqī jǐ qù kàn de diànyǐng?
问：他们 星期 几 去 看 的 电影？

Tóngxuémen dōu chūqu le, Xiǎo Hóng zài xuéxí.
19. 同学们 都 出去 了，小 红 在 学习。

Xiǎo Hóng zài zuò shénme?
问： 小 红 在 做 什么？

Wǒ zuótiān xiàwǔ liù diǎn huí jiā, qī diǎn chī de wǎnfàn.
20. 我 昨天 下午 六 点 回 家，七 点 吃 的 晚饭。

Tā jǐ diǎn huí jiā de?
问：他 几 点 回 家 的？

HSK 모의고사 제10회 정답

一. 听力

1. √   2. ×   3. √   4. ×   5. ×

6. A   7. B   8. C   9. A   10. C

11. D   12. C   13. A   14. B   15. F

16. B   17. A   18. C   19. B   20. A

二. 阅读

21. ×   22. √   23. ×   24. ×   25. √

26. D   27. A   28. C   29. F   30. E

31. D   32. C   33. B   34. A   35. E

36. C   37. B   38. E   39. A   40. F

HSK 모의고사 제10회 듣기 대본

Dì-yī bùfen
第一部分

Yígòng ge tí, měi tí tīng liǎng cì.
一共 5 个 题，每 题 听 两 次。

Lìrú: bù tīng
例如：不 听

hěn rè
很 热

Xiànzài kāishǐ dì tí:
现在 开始 第 1 题：

yí ge píngguǒ
1. 一 个 苹果

chī mǐfàn
2. 吃 米饭

sān běn shū
3. 三 本 书

hěn gāoxìng
4. 很 高兴

zài xuéxiào
5. 在 学校

Dì-èr bùfen
第二部分

Yígòng ge tí, měi tí tīng liǎng cì.
一共 5 个 题，每 题 听 两 次。

Lìrú: Zhè shì wǒ de diànnǎo.
例如：这 是 我 的 电脑。

Xiànzài kāishǐ dì tí:
现在 开始 第 6 题：

Tā shì zhège xuéxiào de lǎoshī.
6. 她 是 这个 学校 的 老师。

Nǚ'ér xǐhuan chī Zhōngguó cài.
7. 女儿 喜欢 吃 中国 菜。

Zuótiān xià dà yǔ le.
8. 昨天 下 大 雨 了。

Zhè shì yì jiā xiǎo yīyuàn.
9. 这 是 一 家 小 医院。

Gǒu zài yǐzi xiàmiàn.
10. 狗 在 椅子 下面。

Dì-sān bùfen
第三 部分

Yígòng ge tí, měi tí tīng liǎng cì.
一共 5个 题，每 题 听 两 次。

Lìrú: Nǐ hǎo!
例如： 男：你 好！

Nǐ hǎo! Hěn gāoxìng rènshi nǐ.
女：你 好！很 高兴 认识 你。

Xiànzài kāishǐ dì tí:
现在 开始 第 11 题：

Māma, zhè yīfu shì dìdi de.
11. 男：妈妈，这 衣服 是 弟弟 的。

Bú shì nǐ de ma?
女：不 是 你 的 吗？

Nǐ kànjian wǒ de bēizi le ma?
12. 男：你 看见 我 的 杯子 了 吗？

Zài zhuōzi shang.
女：在 桌子 上。

Wáng yīshēng yí ge xīngqī lái jǐ tiān?
13. 男：王 医生 一 个 星期 来 几 天？

Yì tiān, tā xīngqīsì lái.
女：一 天，他 星期四 来。

Xiǎojiě, nǐ de chá.
14. 男：小姐，你 的 茶。

Xièxie.
女：谢谢。

15. 男：家里有水果吗？
    女：有不少呢。

第四部分

一共 5 个题，每题听两次。

例如：我女儿很小，今年六岁。
问：他女儿今年几岁了？

现在开始第 16 题：

16. 这个月没有好电影，我们下个月三号去吧。
    问：他们想什么时候看电影？

17. 我不喜欢坐飞机，我不去了。
    问：她不喜欢坐什么？

18. 王老师的杯子在李明的桌子上。
    问：这是谁的杯子？

19. 今天我不回家了，中午在饭店吃饭。
    问：中午他在哪儿吃饭？

20. 你好，这里有汉语书吗？
    问：他要买什么？

HSK 모의고사 제11회 정답

一. 听力

1. ×   2. √   3. √   4. ×   5. ×

6. C   7. B   8. A   9. C   10. B

11. D   12. A   13. F. 14. B   15. C

16. C   17. A   18. A   19. C   20. B

二. 阅读

21. √   22. √   23. ×   24. ×   25. √

26. F   27. E   28. A   29. C   30. D

31. C   32. E   33. D. 34. B   35. A

36. B   37. F   38. A   39. E   40. C

HSK 모의고사 제11회 듣기 대본

Dì-yī bùfen
第一部分

Yígòng ge tí, měi tí tīng liǎng cì.
一共 5 个 题, 每 题 听 两 次。

Lìrú: bù tīng
例如: 不 听

hěn rè
很 热

Xiànzài kāishǐ dì tí:
现在 开始 第 1 题:

bàba hé nǚ'ér
1. 爸爸 和 女儿

zài gōngzuò
2. 在 工作

xiě zì
3. 写 字

shuìjiào
4. 睡觉

hěn duō
5. 很 多

Dì-èr bùfen
第二 部分

Yígòng ge tí, měi tí tīng liǎng cì.
一共 5 个 题, 每 题 听 两 次。

Lìrú: Zhè shì wǒ de diànnǎo.
例如: 这 是 我 的 电脑。

Xiànzài kāishǐ dì tí:
现在 开始 第 6 题:

Zuótiān tài rè le.
6. 昨天 太 热 了。

Wǒmen yì jiā rén dōu zài kàn diànshì.
7. 我们 一 家 人 都 在 看 电视。

Māo xǐhuan chī shénme?
8. 猫 喜欢 吃 什么?

Tā jīnnián sānshí suì le.
9. 他 今年 三十 岁 了。

Nà shì wǒ de jiā.
10. 那 是 我 的 家。

Dì-sān bùfen
第三 部分

Yígòng ge tí, měi tí tīng liǎng cì.
一共 5 个 题，每 题 听 两 次。

Lìrú: Nǐ hǎo!
例如： 男：你 好！

Nǐ hǎo! Hěn gāoxìng rènshi nǐ.
女：你 好！很 高兴 认识 你。

Xiànzài kāishǐ dì tí:
现在 开始 第 11 题：

Nǐ shàng ge yuè qù nǎr le?
11. 男：你 上 个 月 去 哪儿 了?

Wǒ qù Zhōngguó le.
女：我 去 中国 了。

Zhège cài tài hǎochī le.
12. 男：这个 菜 太 好吃 了。

Xièxie.
女：谢谢。

Wǒ de shuǐ ne?
13. 男：我 的 水 呢?

Zài nàr, zài zhuōzi shang.
女：在 那儿，在 桌子 上。

Duìbuqǐ, wǒ bú huì dú zhège Hànzì.
14. 女：对不起，我 不 会 读 这个 汉字。

Méi guānxi.
男：没 关系。

Zhè jiàn yīfu zěnmeyàng?
15. 男：这 件 衣服 怎么样？
Yǒudiǎnr xiǎo.
女：有点儿 小。

Dì-sì bùfen
第四 部分

Yígòng ge tí, měi tí tīng liǎng cì.
一共 5 个 题，每 题 听 两 次。

Lìrú: Wǒ nǚ'ér hěn xiǎo, jīnnián liù suì.
例如： 我 女儿 很 小， 今年 六 岁。
Tā nǚ'ér jīnnián jǐ suì le?
问：他 女儿 今年 几 岁 了？

Xiànzài kāishǐ dì tí:
现在 开始 第 16 题：

Jīntiān shì èr yuè yī hào, wǒmen sān tiān hòu kāixué.
16. 今天 是 二 月 一 号，我们 三 天 后 开学。
Tāmen shénme shíhou kāixué?
问：他们 什么 时候 开学？

Wǒ shàngwǔ méiyǒu chī dōngxi, chīle yí ge píngguǒ.
17. 我 上午 没有 吃 东西，吃了 一 个 苹果。
Tā shénme shíhou chī de píngguǒ?
问：他 什么 时候 吃 的 苹果？

Wǒ xǐhuan nàge xiǎohào de yīfu.
18. 我 喜欢 那个 小号 的 衣服。
Tā xǐhuan nǎge yīfu?
问：她 喜欢 哪个 衣服？

Māma zuòle sān ge cài, bàba zuòle yí ge cài.
19. 妈妈 做了 三 个 菜，爸爸 做了 一 个 菜。
Māma hé bàba zuòle jǐ ge cài?
问：妈妈 和 爸爸 做了 几 个 菜？

Nǐ hǎo, nǐ zhèr yǒu yǐzi ma?
20. 你 好，你 这儿 有 椅子 吗？
Tā xiǎng mǎi shénme?
问：他 想 买 什么？

HSK 모의고사 제12회 정답

一. 听力

1. √ 2. × 3. √ 4. √ 5. ×

6. B 7. A 8. A 9. C 10. B

11. D 12. C 13. F 14. B 15. A

16. A 17. C 18. C 19. B 20. A

二. 阅读

21. × 22. √ 23. √ 24. × 25. ×

26. C 27. F 28. D 29. A 30. E

31. D 32. A 33. B. 34. C 35. E

36. F 37. A 38. E 39. B 40. C

HSK 모의고사 제12회 듣기 대본

Dì-yī bùfen
第一部分

Yígòng ge tí, měi tí tīng liǎng cì.
一共 5 个 题,每 题 听 两 次。

Lìrú: bù tīng
例如: 不 听

　　　hěn rè
　　　很 热

Xiànzài kāishǐ dì tí:
现在 开始 第 1 题:

　　mǎi diànnǎo
1. 买 电脑

　　xiǎo gǒu
2. 小 狗

　　zài kàn shū
3. 在 看 书

　　hěn gāoxìng
4. 很 高兴

　　bú rènshi
5. 不 认识

Dì-èr bùfen
第二部分

Yígòng ge tí, měi tí tīng liǎng cì.
一共 5 个 题,每 题 听 两 次。

Lìrú: Zhè shì wǒ de diànnǎo.
例如: 这 是 我 的 电脑。

Xiànzài kāishǐ dì tí:
现在 开始 第 6 题:

　　Māma měitiān zhōngwǔ dōu shuìjiào.
6. 妈妈 每天 中午 都 睡觉。

Wǒmen hěn xǐhuan Lǐ lǎoshī.
7. 我们 很 喜欢 李 老师。

Wáng xiānsheng, qǐng hē chá.
8. 王 先生, 请 喝 茶。

Jīntiān kànle yí ge hǎo diànyǐng.
9. 今天 看了 一 个 好 电影。

Tài lěng le, wǒ xiǎng huí jiā.
10. 太 冷 了, 我 想 回 家。

Dì-sān bùfen
第三 部分

Yígòng ge tí, měi tí tīng liǎng cì.
一共 5 个 题, 每 题 听 两 次。

Lìrú: Nǐ hǎo!
例如: 男: 你 好!

Nǐ hǎo! Hěn gāoxìng rènshi nǐ.
女: 你 好! 很 高兴 认识 你。

Xiànzài kāishǐ dì tí:
现在 开始 第 11 题:

Nǐ érzi xiànzài rènshi zì ma?
11. 男: 你 儿子 现在 认识 字 吗?

Rènshi hěn duō le.
女: 认识 很 多 了。

Zhè shì nǐ jiā de xiǎo māo ma?
12. 男: 这 是 你 家 的 小 猫 吗?

Shì de, piàoliang ba?
女: 是 的, 漂亮 吧?

Míngtiān jǐ diǎn qù yīyuàn?
13. 男: 明天 几 点 去 医院?

Xiàwǔ sān diǎn.
女: 下午 三 点。

Wǒ xiǎng qù kàn Wáng lǎoshī, mǎi shénme hǎo ne?
14. 女: 我 想 去 看 王 老师, 买 什么 好 呢?

Mǎi diǎnr shuǐguǒ ba.
男: 买 点儿 水果 吧。

Zhège　bēizi　duōshao qián?
15.　男：这个　杯子　多少　钱？

　　　kuài.
　　女：20 块。

Dì-sì　bùfen
第四 部分

Yígòng　ge　tí,　měi　tí　tīng liǎng　cì.
一共 5 个 题，每 题 听 两 次。

Lìrú:　Wǒ　nǚ'ér　hěn xiǎo,　jīnnián　liù　suì.
例如：我 女儿 很 小，今年 六 岁。

　　Tā　nǚ'ér　jīnnián　jǐ　suì　le?
　问：他 女儿 今年 几 岁 了？

Xiànzài kāishǐ　dì　tí:
现在 开始 第 16 题：

　　Wǒ　hé　nǐ　bàba　rènshi　shí nián　le.
16.　我 和 你 爸爸 认识 十 年 了。

　　Tāmen　rènshi　jǐ　nián le?
　问：他们 认识 几 年 了？

　　Zuótiān shì　èr　yuè　shíyī　hào,　xīngqīwǔ.
17.　昨天 是 二 月 十一 号，星期五。

　　Jīntiān　xīngqī　jǐ?
　问：今天 星期 几？

　　Māma xǐhuan　chī　jiějie　zuò　de　cài.
18.　妈妈 喜欢 吃 姐姐 做 的 菜。

　　Māma　xǐhuan　chī　shéi zuò　de　cài?
　问：妈妈 喜欢 吃 谁 做 的 菜？

　　Lǐ　xiǎojiě xiǎng　qù　shūdiàn　gōngzuò.
19.　李 小姐 想 去 书店 工作。

　　Lǐ　xiǎojiě　xiǎng qù　shūdiàn zuò　shénme?
　问：李 小姐 想 去 书店 做 什么？

　　Wǒ　yǒu　yí　ge　érzi　hé　yí　ge　nǚ'ér.
20.　我 有 一 个 儿子 和 一 个 女儿。

　　Tā　yǒu　jǐ　ge　nǚ'ér?
　问：他 有 几 个 女儿？

HSK 모의고사 제13회 정답

一. 听力

1. √ 2. √ 3. × 4. √ 5. ×

6. C 7. C 8. A 9. B 10. B

11. B 12. A 13. F 14. C 15. D

16. B 17. B 18. C 19. A 20. A

二. 阅读

21. × 22. √ 23. × 24. × 25. ×

26. F 27. C 28. D 29. E 30. A

31. B 32. D 33. E 34. C 35. A

36. A 37. E 38. B 39. F 40. C

HSK 모의고사 제13회 듣기 대본

Dì-yī bùfen
第一 部分

Yígòng ge tí, měi tí tīng liǎng cì.
一共 5 个 题，每 题 听 两 次。

Lìrú: bù tīng
例如： 不 听

hěn rè
很 热

Xiànzài kāishǐ dì tí:
现在 开始 第 1 题：

xià dà yǔ
1. 下 大 雨

māma hé nǚ'ér
2. 妈妈 和 女儿

yìdiǎnr shuǐguǒ
3. 一点儿 水果

bù gāoxìng
4. 不 高兴

hěn lěng
5. 很 冷

Dì-èr bùfen
第二 部分

Yígòng ge tí, měi tí tīng liǎng cì.
一共 5 个 题，每 题 听 两 次。

Lìrú: Zhè shì wǒ de diànnǎo.
例如：这 是 我 的 电脑。

Xiànzài kāishǐ dì tí:
现在 开始 第 6 题：

Zhōngguórén xǐhuan chī mǐfàn.
6. 中国人 喜欢 吃 米饭。

Wǒ mǎile jiǔ ge píngguǒ.
7. 我 买了 九 个 苹果。

Yì tiān yào hē bā bēi shuǐ.
8. 一 天 要 喝 八 杯 水。

Zhège xiǎo māo yǒu míngzi ma?
9. 这个 小 猫 有 名字 吗?

Xiànzài bā diǎn le.
10. 现在 八 点 了。

Dì-sān bùfen
第三 部分

Yígòng ge tí, měi tí tīng liǎng cì.
一共 5 个 题, 每 题 听 两 次。

Lìrú: Nǐ hǎo!
例如: 男: 你 好!

Nǐ hǎo! Hěn gāoxìng rènshi nǐ.
女: 你 好! 很 高兴 认识 你。

Xiànzài kāishǐ dì tí:
现在 开始 第 11 题:

Lǐ yīshēng méi zài yīyuàn ma?
11. 男: 李 医生 没 在 医院 吗?

Shì de, tā jīntiān méi lái.
女: 是 的, 她 今天 没 来。

Nǐ xiànzài xiǎng qù nǎr?
12. 男: 你 现在 想 去 哪儿?

Wǒ xiǎng qù shāngdiàn.
女: 我 想 去 商店。

Nǐ shàngwǔ zuò shénme le?
13. 男: 你 上午 做 什么 了?

Wǒ shàngwǔ dúle yì běn shū.
女: 我 上午 读了 一 本 书。

Zuótiān de diànyǐng zěnmeyàng?
14. 男: 昨天 的 电影 怎么样?

Hěn hǎokàn.
女: 很 好看。

15. 男：明天 你 能 来 学校 吗？
    女：能，我 明天 下午 去。

第四部分

一共 5 个 题，每 题 听 两 次。

例如：我 女儿 很 小，今年 六 岁。
问：他 女儿 今年 几 岁 了？

现在 开始 第 16 题：

16. 饭店 里 现在 有 十三 个 人。
    问：饭店 里 有 多少 人？

17. 这个 杯子 八 块 钱。
    问：这个 杯子 多少 钱？

18. 对不起，你 的 狗 不能 上 飞机。
    问：他 的 狗 不能 坐 什么？

19. 我 的 朋友 很 漂亮。
    问：谁 很 漂亮？

20. 他 在 学校 学习 六 个 月 了。
    问：他 在 学校 学习 几 个 月 了？

HSK 모의고사 제14회 정답

一. 听力

1. ×   2. √   3. √   4. ×   5. ×

6. B   7. A   8. C   9. B   10. C

11. D   12. C   13. F.   14. A   15. B

16. B   17. C   18. A   19. C   20. C

二. 阅读

21. ×   22. √   23. √   24. ×   25. √

26. C   27. E   28. F   29. A   30. D

31. C   32. B   33. E.   34. D   35. A

36. B   37. A   38. E   39. F   40. C

HSK 모의고사 제14회 듣기 대본

Dì-yī bùfen
第一 部分

Yígòng ge tí, měi tí tīng liǎng cì.
一共 5 个 题，每 题 听 两 次。

Lìrú: bù tīng
例如： 不 听

hěn rè
很 热

Xiànzài kāishǐ dì tí:
现在 开始 第 1 题：

chī mǐfàn
1. 吃 米饭

mǎi yīfu
2. 买 衣服

zài shuìjiào
3. 在 睡觉

xiě Hànzì
4. 写 汉字

kàn diànshì
5. 看 电视

Dì-èr bùfen
第二 部分

Yígòng ge tí, měi tí tīng liǎng cì.
一共 5 个 题，每 题 听 两 次。

Lìrú: Zhè shì wǒ de diànnǎo.
例如：这 是 我 的 电脑。

Xiànzài kāishǐ dì tí:
现在 开始 第 6 题：

Yǐzi shang yǒu yì zhī xiǎo māo.
6. 椅子 上 有 一 只 小 猫。

Māma, wǒ tài lěng le.
7. 妈妈，我 太 冷 了。

Qù nǎ jiā yīyuàn hǎo?
8. 去 哪 家 医院 好？

Tā yǒu yí ge wǔ suì de nǚ'ér.
9. 她 有 一 个 五 岁 的 女儿。

Wǒ xiǎng hē yì bēi rè shuǐ.
10. 我 想 喝 一 杯 热 水。

Dì-sān bùfen
第三 部分

Yígòng ge tí, měi tí tīng liǎng cì.
一共 5 个 题，每 题 听 两 次。

Lìrú: Nǐ hǎo!
例如： 男：你 好！

Nǐ hǎo! Hěn gāoxìng rènshi nǐ.
女：你 好！很 高兴 认识 你。

Xiànzài kāishǐ dì tí:
现在 开始 第 11 题：

Nǐ xiǎng chī shuǐguǒ ma?
11. 男：你 想 吃 水果 吗？

Wǒ bù xiǎng chī, xièxie.
女：我 不 想 吃，谢谢。

Nǐ xiànzài néng lái wǒ jiā ma?
12. 男：你 现在 能 来 我 家 吗？

Bù néng, wǒ zài gōngzuò.
女：不 能，我 在 工作。

Nǐ míngtiān bù lái ma?
13. 男：你 明天 不 来 吗？

Wǒ huì qù de, wǒ sān diǎn dào.
女：我 会 去 的，我 三 点 到。

Wǒ de diànhuà ne?
14. 男：我 的 电话 呢？

Shì bu shì zài chūzūchē shang?
女：是 不 是 在 出租车 上？

Nǐ qù kàn yīshēng le ma?
15. 男：你 去 看 医生 了 吗？

Méiyǒu, wǒ xiànzài hǎo le.
女：没有，我 现在 好 了。

Dì-sì bùfen
第四 部分

Yígòng ge tí, měi tí tīng liǎng cì.
一共 5 个 题，每 题 听 两 次。

Lìrú: Wǒ nǚ'ér hěn xiǎo, jīnnián liù suì.
例如：我 女儿 很 小，今年 六 岁。

Tā nǚ'ér jīnnián jǐ suì le?
问：他 女儿 今年 几 岁 了？

Xiànzài kāishǐ dì tí:
现在 开始 第 16 题：

Zhège bēizi èrshí kuài qián.
16. 这个 杯子 二十 块 钱。

Zhège bēizi duōshao qián?
问：这个 杯子 多少 钱？

Wǒ xià ge yuè qù Zhōngguó.
17. 我 下 个 月 去 中国。

Tā shénme shíhou qù Zhōngguó?
问：他 什么 时候 去 中国？

Wǒ gēge bú huì shuō Hànyǔ, wǒ dìdi huì.
18. 我 哥哥 不 会 说 汉语，我 弟弟 会。

Shéi bú huì shuō Hànyǔ?
问：谁 不 会 说 汉语？

Zuótiān xīngqī'èr.
19. 昨天 星期二。

Míngtiān xīngqī jǐ?
问：明天 星期 几？

Tā dǎle shí fēnzhōng diànhuà le.
20. 她 打了 十 分钟 电话 了。

Tā zài zuò shénme?
问：她 在 做 什么？

HSK 모의고사 제15회 정답

一. 听力

1. √   2. ×   3. √   4. ×   5. ×

6. C   7. B   8. A   9. C   10. B

11. D   12. B   13. A.   14. F   15. C

16. C   17. C   18. B   19. B   20. A

二. 阅读

21. ×   22. ×   23. √   24. √   25. ×

26. E   27. F   28. A   29. C   30. D

31. B   32. E   33. C.   34. D   35. A

36. E   37. A   38. B   39. F   40. C

HSK 모의고사 제15회 듣기 대본

Dì-yī bùfen
第一部分

Yígòng ge tí, měi tí tīng liǎng cì.
一共 5 个 题，每 题 听 两 次。

Lìrú: bù tīng
例如： 不 听

　　　hěn rè
　　　很 热

Xiànzài kāishǐ dì tí:
现在 开始 第 1 题：

　　dǎ diànhuà
1. 打 电话

　　mǎi yīfu
2. 买 衣服

　　hěn duō
3. 很 多

　　hē chá
4. 喝 茶

　　kàn shū
5. 看 书

Dì-èr bùfen
第二部分

Yígòng ge tí, měi tí tīng liǎng cì.
一共 5 个 题，每 题 听 两 次。

Lìrú: Zhè shì wǒ de diànnǎo.
例如：这 是 我 的 电脑。

Xiànzài kāishǐ dì tí:
现在 开始 第 6 题：

　　Tā jīnnián sānshí suì.
6. 她 今年 三十 岁。

Xiànzài Wǒ shì dàxuéshēng le.
7. 现在 我 是 大学生 了。

Māma qù kàn diànyǐng le.
8. 妈妈 去 看 电影 了。

Nǐ hǎo, wǒ xiǎng mǎi sān ge bēizi.
9. 你 好，我 想 买 三 个 杯子。

Xīngqītiān xuéxiào li méiyǒu shénme rén.
10. 星期天 学校 里 没有 什么 人。

Dì-sān bùfen
第三 部分

Yígòng ge tí, měi tí tīng liǎng cì.
一共 5 个 题，每 题 听 两 次。

Lìrú: Nǐ hǎo!
例如： 男：你 好！

Nǐ hǎo! Hěn gāoxìng rènshi nǐ.
女：你 好！很 高兴 认识 你。

Xiànzài kāishǐ dì tí:
现在 开始 第 11 题：

Wǒ huí jiā le, zàijiàn.
11. 男：我 回 家 了，再见。

Hǎo, míngtiān jiàn.
女：好，明天 见。

Nǐ zhōngwǔ hé shéi chī de fàn?
12. 男：你 中午 和 谁 吃 的 饭？

Hé tóngxué.
女：和 同学。

Zhèxiē shuǐguǒ duōshao qián?
13. 男：这些 水果 多少 钱？

Qīshí kuài.
女：七十 块。

Zhè jǐ ge zì hěn piàoliang!
14. 男：这 几 个 字 很 漂亮！

Xièxie, wǒ xiěle yí ge shàngwǔ ne.
女：谢谢，我 写了 一 个 上午 呢。

Wǒmen zěnme qù tā jiā?
15. 男：我们 怎么 去 他 家？

Zuò chūzūchē.
女：坐 出租车。

Dì-sì bùfen
第四 部分

Yígòng ge tí, měi tí tīng liǎng cì.
一共 5 个 题，每 题 听 两 次。

Lìrú: Wǒ nǚ'ér hěn xiǎo, jīnnián liù suì.
例如：我 女儿 很 小，今年 六 岁。

Tā nǚ'ér jīnnián jǐ suì le?
问：他 女儿 今年 几 岁 了？

Xiànzài kāishǐ dì tí:
现在 开始 第 16 题：

Tā nǚ'ér zài Zhōngguó xuéxíle sì nián, Hànyǔ hěn hǎo.
16. 他 女儿 在 中国 学习了 四 年，汉语 很 好。

Tā nǚ'ér zài Zhōngguó xuéxíle jǐ nián?
问：他 女儿 在 中国 学习了 几 年？

Xiàwǔ wǒ bú zài jiā, nǐ míngtiān lái hǎo ma?
17. 下午 我 不 在 家，你 明天 来 好 吗？

Tā shénme shíhou zài jiā?
问：他 什么 时候 在 家？

Tā jīntiān méi chī fàn, shàngwǔ chīle sān ge píngguǒ.
18. 她 今天 没 吃 饭，上午 吃了 三 个 苹果。

Tā jīntiān chī shénme le?
问：她 今天 吃 什么 了？

Māma bā diǎn shuìjiào, wǒ jiǔ diǎn shuìjiào.
19. 妈妈 八 点 睡觉，我 九 点 睡觉。

Tā māma jǐ diǎn shuìjiào?
问：她 妈妈 几 点 睡觉？

Nǐ de nà běn shū zài zhuōzi shang.
20. 你 的 那 本 书 在 桌子 上。

Nà běn shū zài nǎr?
问：那 本 书 在 哪儿？

HSK(一级)答题卡

新汉语水平考试
HSK(一级)答题卡

姓名	

国籍	[0] [1] [2] [3] [4] [5] [6] [7] [8] [9] [0] [1] [2] [3] [4] [5] [6] [7] [8] [9] [0] [1] [2] [3] [4] [5] [6] [7] [8] [9]

性别	男 [1]　　女 [2]

序号	[0] [1] [2] [3] [4] [5] [6] [7] [8] [9] [0] [1] [2] [3] [4] [5] [6] [7] [8] [9] [0] [1] [2] [3] [4] [5] [6] [7] [8] [9] [0] [1] [2] [3] [4] [5] [6] [7] [8] [9] [0] [1] [2] [3] [4] [5] [6] [7] [8] [9]

考点	[0] [1] [2] [3] [4] [5] [6] [7] [8] [9] [0] [1] [2] [3] [4] [5] [6] [7] [8] [9] [0] [1] [2] [3] [4] [5] [6] [7] [8] [9]

年龄	[0] [1] [2] [3] [4] [5] [6] [7] [8] [9] [0] [1] [2] [3] [4] [5] [6] [7] [8] [9]

学习汉语的时间:

3个月以下 [1]　　3个月-6个月 [2]
6个月-1年 [3]　　1年-18个月 [4]
18个月-2年 [5]　　2年以上 [6]

你是华裔吗?　　是 [1]　　不是 [2]

注意　　请用2B铅笔这样写：■

一、听力

1. [✓] [✗]　　6. [A] [B] [C]　　11. [A] [B] [C] [D] [E] [F]　　16. [A] [B] [C]
2. [✓] [✗]　　7. [A] [B] [C]　　12. [A] [B] [C] [D] [E] [F]　　17. [A] [B] [C]
3. [✓] [✗]　　8. [A] [B] [C]　　13. [A] [B] [C] [D] [E] [F]　　18. [A] [B] [C]
4. [✓] [✗]　　9. [A] [B] [C]　　14. [A] [B] [C] [D] [E] [F]　　19. [A] [B] [C]
5. [✓] [✗]　　10. [A] [B] [C]　　15. [A] [B] [C] [D] [E] [F]　　20. [A] [B] [C]

二、阅读

21. [✓] [✗]　　26. [A] [B] [C] [D] [E] [F]　　31. [A] [B] [C] [D] [E] [F]　　36. [A] [B] [C] [D] [E] [F]
22. [✓] [✗]　　27. [A] [B] [C] [D] [E] [F]　　32. [A] [B] [C] [D] [E] [F]　　37. [A] [B] [C] [D] [E] [F]
23. [✓] [✗]　　28. [A] [B] [C] [D] [E] [F]　　33. [A] [B] [C] [D] [E] [F]　　38. [A] [B] [C] [D] [E] [F]
24. [✓] [✗]　　29. [A] [B] [C] [D] [E] [F]　　34. [A] [B] [C] [D] [E] [F]　　39. [A] [B] [C] [D] [E] [F]
25. [✓] [✗]　　30. [A] [B] [C] [D] [E] [F]　　35. [A] [B] [C] [D] [E] [F]　　40. [A] [B] [C] [D] [E] [F]

HSK(一级)答题卡

新汉语水平考试
HSK(一级)答题卡

姓名	

国籍		[0] [1] [2] [3] [4] [5] [6] [7] [8] [9]
		[0] [1] [2] [3] [4] [5] [6] [7] [8] [9]
		[0] [1] [2] [3] [4] [5] [6] [7] [8] [9]

性别	男 [1] 女 [2]

序号		[0] [1] [2] [3] [4] [5] [6] [7] [8] [9]
		[0] [1] [2] [3] [4] [5] [6] [7] [8] [9]
		[0] [1] [2] [3] [4] [5] [6] [7] [8] [9]
		[0] [1] [2] [3] [4] [5] [6] [7] [8] [9]
		[0] [1] [2] [3] [4] [5] [6] [7] [8] [9]

考点		[0] [1] [2] [3] [4] [5] [6] [7] [8] [9]
		[0] [1] [2] [3] [4] [5] [6] [7] [8] [9]
		[0] [1] [2] [3] [4] [5] [6] [7] [8] [9]

年龄		[0] [1] [2] [3] [4] [5] [6] [7] [8] [9]
		[0] [1] [2] [3] [4] [5] [6] [7] [8] [9]

学习汉语的时间：	
3个月以下 [1]	3个月-6个月 [2]
6个月-1年 [3]	1年-18个月 [4]
18个月-2年 [5]	2年以上 [6]

你是华裔吗?
是 [1] 不是 [2]

注意	请用2B铅笔这样写：■

一、听力

1. [✓] [×]	6. [A] [B] [C]	11. [A] [B] [C] [D] [E] [F]	16. [A] [B] [C]
2. [✓] [×]	7. [A] [B] [C]	12. [A] [B] [C] [D] [E] [F]	17. [A] [B] [C]
3. [✓] [×]	8. [A] [B] [C]	13. [A] [B] [C] [D] [E] [F]	18. [A] [B] [C]
4. [✓] [×]	9. [A] [B] [C]	14. [A] [B] [C] [D] [E] [F]	19. [A] [B] [C]
5. [✓] [×]	10. [A] [B] [C]	15. [A] [B] [C] [D] [E] [F]	20. [A] [B] [C]

二、阅读

21. [✓] [×]	26. [A] [B] [C] [D] [E] [F]	31. [A] [B] [C] [D] [E] [F]	36. [A] [B] [C] [D] [E] [F]
22. [✓] [×]	27. [A] [B] [C] [D] [E] [F]	32. [A] [B] [C] [D] [E] [F]	37. [A] [B] [C] [D] [E] [F]
23. [✓] [×]	28. [A] [B] [C] [D] [E] [F]	33. [A] [B] [C] [D] [E] [F]	38. [A] [B] [C] [D] [E] [F]
24. [✓] [×]	29. [A] [B] [C] [D] [E] [F]	34. [A] [B] [C] [D] [E] [F]	39. [A] [B] [C] [D] [E] [F]
25. [✓] [×]	30. [A] [B] [C] [D] [E] [F]	35. [A] [B] [C] [D] [E] [F]	40. [A] [B] [C] [D] [E] [F]

HSK(一级)答题卡

新 汉 语 水 平 考 试
HSK(一级)答题卡

姓名	

国籍	[0] [1] [2] [3] [4] [5] [6] [7] [8] [9] [0] [1] [2] [3] [4] [5] [6] [7] [8] [9] [0] [1] [2] [3] [4] [5] [6] [7] [8] [9]

序号	[0] [1] [2] [3] [4] [5] [6] [7] [8] [9] [0] [1] [2] [3] [4] [5] [6] [7] [8] [9] [0] [1] [2] [3] [4] [5] [6] [7] [8] [9] [0] [1] [2] [3] [4] [5] [6] [7] [8] [9] [0] [1] [2] [3] [4] [5] [6] [7] [8] [9]

性别	男 [1]　　女 [2]

考点	[0] [1] [2] [3] [4] [5] [6] [7] [8] [9] [0] [1] [2] [3] [4] [5] [6] [7] [8] [9] [0] [1] [2] [3] [4] [5] [6] [7] [8] [9]

年龄	[0] [1] [2] [3] [4] [5] [6] [7] [8] [9] [0] [1] [2] [3] [4] [5] [6] [7] [8] [9]

学习汉语的时间:	
3个月以下 [1]	3个月-6个月 [2]
6个月-1年 [3]	1年-18个月 [4]
18个月-2年 [5]	2年以上 [6]

你是华裔吗?	
是 [1]	不是 [2]

注意	请用2B铅笔这样写：■

一、听力

1. [✓] [✗]　　6. [A] [B] [C]　　11. [A] [B] [C] [D] [E] [F]　　16. [A] [B] [C]
2. [✓] [✗]　　7. [A] [B] [C]　　12. [A] [B] [C] [D] [E] [F]　　17. [A] [B] [C]
3. [✓] [✗]　　8. [A] [B] [C]　　13. [A] [B] [C] [D] [E] [F]　　18. [A] [B] [C]
4. [✓] [✗]　　9. [A] [B] [C]　　14. [A] [B] [C] [D] [E] [F]　　19. [A] [B] [C]
5. [✓] [✗]　　10. [A] [B] [C]　　15. [A] [B] [C] [D] [E] [F]　　20. [A] [B] [C]

二、阅读

21. [✓] [✗]　　26. [A] [B] [C] [D] [E] [F]　　31. [A] [B] [C] [D] [E] [F]　　36. [A] [B] [C] [D] [E] [F]
22. [✓] [✗]　　27. [A] [B] [C] [D] [E] [F]　　32. [A] [B] [C] [D] [E] [F]　　37. [A] [B] [C] [D] [E] [F]
23. [✓] [✗]　　28. [A] [B] [C] [D] [E] [F]　　33. [A] [B] [C] [D] [E] [F]　　38. [A] [B] [C] [D] [E] [F]
24. [✓] [✗]　　29. [A] [B] [C] [D] [E] [F]　　34. [A] [B] [C] [D] [E] [F]　　39. [A] [B] [C] [D] [E] [F]
25. [✓] [✗]　　30. [A] [B] [C] [D] [E] [F]　　35. [A] [B] [C] [D] [E] [F]　　40. [A] [B] [C] [D] [E] [F]

HSK(一级)答题卡

新汉语水平考试
HSK(一级)答题卡

姓名	

国籍		[0] [1] [2] [3] [4] [5] [6] [7] [8] [9]
		[0] [1] [2] [3] [4] [5] [6] [7] [8] [9]
		[0] [1] [2] [3] [4] [5] [6] [7] [8] [9]

性别	男 [1] 女 [2]

序号		[0] [1] [2] [3] [4] [5] [6] [7] [8] [9]
		[0] [1] [2] [3] [4] [5] [6] [7] [8] [9]
		[0] [1] [2] [3] [4] [5] [6] [7] [8] [9]
		[0] [1] [2] [3] [4] [5] [6] [7] [8] [9]
		[0] [1] [2] [3] [4] [5] [6] [7] [8] [9]

考点		[0] [1] [2] [3] [4] [5] [6] [7] [8] [9]
		[0] [1] [2] [3] [4] [5] [6] [7] [8] [9]
		[0] [1] [2] [3] [4] [5] [6] [7] [8] [9]

年龄		[0] [1] [2] [3] [4] [5] [6] [7] [8] [9]
		[0] [1] [2] [3] [4] [5] [6] [7] [8] [9]

学习汉语的时间：	
3个月以下 [1]	3个月-6个月 [2]
6个月-1年 [3]	1年-18个月 [4]
18个月-2年 [5]	2年以上 [6]

你是华裔吗？
是 [1] 不是 [2]

注意	请用2B铅笔这样写：■

一、听力

1. [✓] [×]	6. [A] [B] [C]	11. [A] [B] [C] [D] [E] [F]	16. [A] [B] [C]
2. [✓] [×]	7. [A] [B] [C]	12. [A] [B] [C] [D] [E] [F]	17. [A] [B] [C]
3. [✓] [×]	8. [A] [B] [C]	13. [A] [B] [C] [D] [E] [F]	18. [A] [B] [C]
4. [✓] [×]	9. [A] [B] [C]	14. [A] [B] [C] [D] [E] [F]	19. [A] [B] [C]
5. [✓] [×]	10. [A] [B] [C]	15. [A] [B] [C] [D] [E] [F]	20. [A] [B] [C]

二、阅读

21. [✓] [×]	26. [A] [B] [C] [D] [E] [F]	31. [A] [B] [C] [D] [E] [F]	36. [A] [B] [C] [D] [E] [F]
22. [✓] [×]	27. [A] [B] [C] [D] [E] [F]	32. [A] [B] [C] [D] [E] [F]	37. [A] [B] [C] [D] [E] [F]
23. [✓] [×]	28. [A] [B] [C] [D] [E] [F]	33. [A] [B] [C] [D] [E] [F]	38. [A] [B] [C] [D] [E] [F]
24. [✓] [×]	29. [A] [B] [C] [D] [E] [F]	34. [A] [B] [C] [D] [E] [F]	39. [A] [B] [C] [D] [E] [F]
25. [✓] [×]	30. [A] [B] [C] [D] [E] [F]	35. [A] [B] [C] [D] [E] [F]	40. [A] [B] [C] [D] [E] [F]

HSK(一级)答题卡

新汉语水平考试
HSK(一级)答题卡

姓名		
国籍		[0] [1] [2] [3] [4] [5] [6] [7] [8] [9]
		[0] [1] [2] [3] [4] [5] [6] [7] [8] [9]
		[0] [1] [2] [3] [4] [5] [6] [7] [8] [9]
性别	男 [1]	女 [2]
序号		[0] [1] [2] [3] [4] [5] [6] [7] [8] [9]
		[0] [1] [2] [3] [4] [5] [6] [7] [8] [9]
		[0] [1] [2] [3] [4] [5] [6] [7] [8] [9]
		[0] [1] [2] [3] [4] [5] [6] [7] [8] [9]
		[0] [1] [2] [3] [4] [5] [6] [7] [8] [9]
考点		[0] [1] [2] [3] [4] [5] [6] [7] [8] [9]
		[0] [1] [2] [3] [4] [5] [6] [7] [8] [9]
		[0] [1] [2] [3] [4] [5] [6] [7] [8] [9]
年龄		[0] [1] [2] [3] [4] [5] [6] [7] [8] [9]
		[0] [1] [2] [3] [4] [5] [6] [7] [8] [9]

学习汉语的时间：

3个月以下 [1]	3个月－6个月 [2]
6个月－1年 [3]	1年－18个月 [4]
18个月－2年 [5]	2年以上 [6]

你是华裔吗？

是 [1]　　不是 [2]

注意　请用2B铅笔这样写：▬

一、听力

1. [✓] [×]	6. [A] [B] [C]	11. [A] [B] [C] [D] [E] [F]	16. [A] [B] [C]
2. [✓] [×]	7. [A] [B] [C]	12. [A] [B] [C] [D] [E] [F]	17. [A] [B] [C]
3. [✓] [×]	8. [A] [B] [C]	13. [A] [B] [C] [D] [E] [F]	18. [A] [B] [C]
4. [✓] [×]	9. [A] [B] [C]	14. [A] [B] [C] [D] [E] [F]	19. [A] [B] [C]
5. [✓] [×]	10. [A] [B] [C]	15. [A] [B] [C] [D] [E] [F]	20. [A] [B] [C]

二、阅读

21. [✓] [×]	26. [A] [B] [C] [D] [E] [F]	31. [A] [B] [C] [D] [E] [F]	36. [A] [B] [C] [D] [E] [F]
22. [✓] [×]	27. [A] [B] [C] [D] [E] [F]	32. [A] [B] [C] [D] [E] [F]	37. [A] [B] [C] [D] [E] [F]
23. [✓] [×]	28. [A] [B] [C] [D] [E] [F]	33. [A] [B] [C] [D] [E] [F]	38. [A] [B] [C] [D] [E] [F]
24. [✓] [×]	29. [A] [B] [C] [D] [E] [F]	34. [A] [B] [C] [D] [E] [F]	39. [A] [B] [C] [D] [E] [F]
25. [✓] [×]	30. [A] [B] [C] [D] [E] [F]	35. [A] [B] [C] [D] [E] [F]	40. [A] [B] [C] [D] [E] [F]

HSK(一级)答题卡

新汉语水平考试
HSK(一级)答题卡

姓名	

国籍	[0] [1] [2] [3] [4] [5] [6] [7] [8] [9]
	[0] [1] [2] [3] [4] [5] [6] [7] [8] [9]
	[0] [1] [2] [3] [4] [5] [6] [7] [8] [9]

性别	男 [1] 女 [2]

序号	[0] [1] [2] [3] [4] [5] [6] [7] [8] [9]
	[0] [1] [2] [3] [4] [5] [6] [7] [8] [9]
	[0] [1] [2] [3] [4] [5] [6] [7] [8] [9]
	[0] [1] [2] [3] [4] [5] [6] [7] [8] [9]
	[0] [1] [2] [3] [4] [5] [6] [7] [8] [9]

考点	[0] [1] [2] [3] [4] [5] [6] [7] [8] [9]
	[0] [1] [2] [3] [4] [5] [6] [7] [8] [9]
	[0] [1] [2] [3] [4] [5] [6] [7] [8] [9]

年龄	[0] [1] [2] [3] [4] [5] [6] [7] [8] [9]
	[0] [1] [2] [3] [4] [5] [6] [7] [8] [9]

学习汉语的时间：	
3个月以下 [1]	3个月-6个月 [2]
6个月-1年 [3]	1年-18个月 [4]
18个月-2年 [5]	2年以上 [6]

你是华裔吗？
是 [1] 不是 [2]

注意	请用2B铅笔这样写：■

一、听力

1. [✓] [✗]   6. [A] [B] [C]   11. [A] [B] [C] [D] [E] [F]   16. [A] [B] [C]
2. [✓] [✗]   7. [A] [B] [C]   12. [A] [B] [C] [D] [E] [F]   17. [A] [B] [C]
3. [✓] [✗]   8. [A] [B] [C]   13. [A] [B] [C] [D] [E] [F]   18. [A] [B] [C]
4. [✓] [✗]   9. [A] [B] [C]   14. [A] [B] [C] [D] [E] [F]   19. [A] [B] [C]
5. [✓] [✗]   10. [A] [B] [C]   15. [A] [B] [C] [D] [E] [F]   20. [A] [B] [C]

二、阅读

21. [✓] [✗]   26. [A] [B] [C] [D] [E] [F]   31. [A] [B] [C] [D] [E] [F]   36. [A] [B] [C] [D] [E] [F]
22. [✓] [✗]   27. [A] [B] [C] [D] [E] [F]   32. [A] [B] [C] [D] [E] [F]   37. [A] [B] [C] [D] [E] [F]
23. [✓] [✗]   28. [A] [B] [C] [D] [E] [F]   33. [A] [B] [C] [D] [E] [F]   38. [A] [B] [C] [D] [E] [F]
24. [✓] [✗]   29. [A] [B] [C] [D] [E] [F]   34. [A] [B] [C] [D] [E] [F]   39. [A] [B] [C] [D] [E] [F]
25. [✓] [✗]   30. [A] [B] [C] [D] [E] [F]   35. [A] [B] [C] [D] [E] [F]   40. [A] [B] [C] [D] [E] [F]

HSK(一级)答题卡

新汉语水平考试
HSK(一级)答题卡

姓名	

国籍	[0] [1] [2] [3] [4] [5] [6] [7] [8] [9]
	[0] [1] [2] [3] [4] [5] [6] [7] [8] [9]
	[0] [1] [2] [3] [4] [5] [6] [7] [8] [9]

性别	男 [1] 女 [2]

序号	[0] [1] [2] [3] [4] [5] [6] [7] [8] [9]
	[0] [1] [2] [3] [4] [5] [6] [7] [8] [9]
	[0] [1] [2] [3] [4] [5] [6] [7] [8] [9]
	[0] [1] [2] [3] [4] [5] [6] [7] [8] [9]
	[0] [1] [2] [3] [4] [5] [6] [7] [8] [9]

考点	[0] [1] [2] [3] [4] [5] [6] [7] [8] [9]
	[0] [1] [2] [3] [4] [5] [6] [7] [8] [9]
	[0] [1] [2] [3] [4] [5] [6] [7] [8] [9]

年龄	[0] [1] [2] [3] [4] [5] [6] [7] [8] [9]
	[0] [1] [2] [3] [4] [5] [6] [7] [8] [9]

学习汉语的时间：

3个月以下 [1]　3个月－6个月 [2]

6个月－1年 [3]　1年－18个月 [4]

18个月－2年 [5]　2年以上 [6]

你是华裔吗？

是 [1]　不是 [2]

注意　请用2B铅笔这样写：■

一、听力

1. [✓] [×]	6. [A] [B] [C]	11. [A] [B] [C] [D] [E] [F]	16. [A] [B] [C]
2. [✓] [×]	7. [A] [B] [C]	12. [A] [B] [C] [D] [E] [F]	17. [A] [B] [C]
3. [✓] [×]	8. [A] [B] [C]	13. [A] [B] [C] [D] [E] [F]	18. [A] [B] [C]
4. [✓] [×]	9. [A] [B] [C]	14. [A] [B] [C] [D] [E] [F]	19. [A] [B] [C]
5. [✓] [×]	10. [A] [B] [C]	15. [A] [B] [C] [D] [E] [F]	20. [A] [B] [C]

二、阅读

21. [✓] [×]	26. [A] [B] [C] [D] [E] [F]	31. [A] [B] [C] [D] [E] [F]	36. [A] [B] [C] [D] [E] [F]
22. [✓] [×]	27. [A] [B] [C] [D] [E] [F]	32. [A] [B] [C] [D] [E] [F]	37. [A] [B] [C] [D] [E] [F]
23. [✓] [×]	28. [A] [B] [C] [D] [E] [F]	33. [A] [B] [C] [D] [E] [F]	38. [A] [B] [C] [D] [E] [F]
24. [✓] [×]	29. [A] [B] [C] [D] [E] [F]	34. [A] [B] [C] [D] [E] [F]	39. [A] [B] [C] [D] [E] [F]
25. [✓] [×]	30. [A] [B] [C] [D] [E] [F]	35. [A] [B] [C] [D] [E] [F]	40. [A] [B] [C] [D] [E] [F]

HSK(一级)答题卡

新汉语水平考试
HSK(一级)答题卡

姓名	

国籍	[0] [1] [2] [3] [4] [5] [6] [7] [8] [9] [0] [1] [2] [3] [4] [5] [6] [7] [8] [9] [0] [1] [2] [3] [4] [5] [6] [7] [8] [9]

序号	[0] [1] [2] [3] [4] [5] [6] [7] [8] [9] [0] [1] [2] [3] [4] [5] [6] [7] [8] [9] [0] [1] [2] [3] [4] [5] [6] [7] [8] [9] [0] [1] [2] [3] [4] [5] [6] [7] [8] [9] [0] [1] [2] [3] [4] [5] [6] [7] [8] [9]

性别	男 [1] 女 [2]

考点	[0] [1] [2] [3] [4] [5] [6] [7] [8] [9] [0] [1] [2] [3] [4] [5] [6] [7] [8] [9] [0] [1] [2] [3] [4] [5] [6] [7] [8] [9]

年龄	[0] [1] [2] [3] [4] [5] [6] [7] [8] [9] [0] [1] [2] [3] [4] [5] [6] [7] [8] [9]

学习汉语的时间：

3个月以下 [1]   3个月-6个月 [2]
6个月-1年 [3]   1年-18个月 [4]
18个月-2年 [5]   2年以上 [6]

你是华裔吗?
是 [1] 不是 [2]

注意　请用2B铅笔这样写：■

一、听力

1. [✓] [✗]　　6. [A] [B] [C]　　11. [A] [B] [C] [D] [E] [F]　　16. [A] [B] [C]
2. [✓] [✗]　　7. [A] [B] [C]　　12. [A] [B] [C] [D] [E] [F]　　17. [A] [B] [C]
3. [✓] [✗]　　8. [A] [B] [C]　　13. [A] [B] [C] [D] [E] [F]　　18. [A] [B] [C]
4. [✓] [✗]　　9. [A] [B] [C]　　14. [A] [B] [C] [D] [E] [F]　　19. [A] [B] [C]
5. [✓] [✗]　　10. [A] [B] [C]　　15. [A] [B] [C] [D] [E] [F]　　20. [A] [B] [C]

二、阅读

21. [✓] [✗]　　26. [A] [B] [C] [D] [E] [F]　　31. [A] [B] [C] [D] [E] [F]　　36. [A] [B] [C] [D] [E] [F]
22. [✓] [✗]　　27. [A] [B] [C] [D] [E] [F]　　32. [A] [B] [C] [D] [E] [F]　　37. [A] [B] [C] [D] [E] [F]
23. [✓] [✗]　　28. [A] [B] [C] [D] [E] [F]　　33. [A] [B] [C] [D] [E] [F]　　38. [A] [B] [C] [D] [E] [F]
24. [✓] [✗]　　29. [A] [B] [C] [D] [E] [F]　　34. [A] [B] [C] [D] [E] [F]　　39. [A] [B] [C] [D] [E] [F]
25. [✓] [✗]　　30. [A] [B] [C] [D] [E] [F]　　35. [A] [B] [C] [D] [E] [F]　　40. [A] [B] [C] [D] [E] [F]

HSK(一级)答题卡

新汉语水平考试
HSK(一级)答题卡

姓名	

国籍	[0] [1] [2] [3] [4] [5] [6] [7] [8] [9]
	[0] [1] [2] [3] [4] [5] [6] [7] [8] [9]
	[0] [1] [2] [3] [4] [5] [6] [7] [8] [9]

序号	[0] [1] [2] [3] [4] [5] [6] [7] [8] [9]
	[0] [1] [2] [3] [4] [5] [6] [7] [8] [9]
	[0] [1] [2] [3] [4] [5] [6] [7] [8] [9]
	[0] [1] [2] [3] [4] [5] [6] [7] [8] [9]
	[0] [1] [2] [3] [4] [5] [6] [7] [8] [9]

性别	男 [1] 女 [2]

考点	[0] [1] [2] [3] [4] [5] [6] [7] [8] [9]
	[0] [1] [2] [3] [4] [5] [6] [7] [8] [9]
	[0] [1] [2] [3] [4] [5] [6] [7] [8] [9]

年龄	[0] [1] [2] [3] [4] [5] [6] [7] [8] [9]
	[0] [1] [2] [3] [4] [5] [6] [7] [8] [9]

学习汉语的时间:

3个月以下 [1]   3个月-6个月 [2]

6个月-1年 [3]   1年-18个月 [4]

18个月-2年 [5]   2年以上 [6]

你是华裔吗?

是 [1]   不是 [2]

注意   请用2B铅笔这样写：■

一、听力

1. [✓] [✗]   6. [A] [B] [C]   11. [A] [B] [C] [D] [E] [F]   16. [A] [B] [C]
2. [✓] [✗]   7. [A] [B] [C]   12. [A] [B] [C] [D] [E] [F]   17. [A] [B] [C]
3. [✓] [✗]   8. [A] [B] [C]   13. [A] [B] [C] [D] [E] [F]   18. [A] [B] [C]
4. [✓] [✗]   9. [A] [B] [C]   14. [A] [B] [C] [D] [E] [F]   19. [A] [B] [C]
5. [✓] [✗]   10. [A] [B] [C] 15. [A] [B] [C] [D] [E] [F]   20. [A] [B] [C]

二、阅读

21. [✓] [✗]   26. [A] [B] [C] [D] [E] [F]   31. [A] [B] [C] [D] [E] [F]   36. [A] [B] [C] [D] [E] [F]
22. [✓] [✗]   27. [A] [B] [C] [D] [E] [F]   32. [A] [B] [C] [D] [E] [F]   37. [A] [B] [C] [D] [E] [F]
23. [✓] [✗]   28. [A] [B] [C] [D] [E] [F]   33. [A] [B] [C] [D] [E] [F]   38. [A] [B] [C] [D] [E] [F]
24. [✓] [✗]   29. [A] [B] [C] [D] [E] [F]   34. [A] [B] [C] [D] [E] [F]   39. [A] [B] [C] [D] [E] [F]
25. [✓] [✗]   30. [A] [B] [C] [D] [E] [F]   35. [A] [B] [C] [D] [E] [F]   40. [A] [B] [C] [D] [E] [F]

HSK(一级)答题卡

新汉语水平考试
HSK(一级)答题卡

姓名	

国籍	
	[0] [1] [2] [3] [4] [5] [6] [7] [8] [9]
	[0] [1] [2] [3] [4] [5] [6] [7] [8] [9]
	[0] [1] [2] [3] [4] [5] [6] [7] [8] [9]

性别	男 [1] 女 [2]

序号	
	[0] [1] [2] [3] [4] [5] [6] [7] [8] [9]
	[0] [1] [2] [3] [4] [5] [6] [7] [8] [9]
	[0] [1] [2] [3] [4] [5] [6] [7] [8] [9]
	[0] [1] [2] [3] [4] [5] [6] [7] [8] [9]
	[0] [1] [2] [3] [4] [5] [6] [7] [8] [9]

考点	
	[0] [1] [2] [3] [4] [5] [6] [7] [8] [9]
	[0] [1] [2] [3] [4] [5] [6] [7] [8] [9]
	[0] [1] [2] [3] [4] [5] [6] [7] [8] [9]

年龄	
	[0] [1] [2] [3] [4] [5] [6] [7] [8] [9]
	[0] [1] [2] [3] [4] [5] [6] [7] [8] [9]

你是华裔吗?

是 [1] 不是 [2]

学习汉语的时间:

3个月以下 [1]	3个月-6个月 [2]
6个月-1年 [3]	1年-18个月 [4]
18个月-2年 [5]	2年以上 [6]

注意 请用2B铅笔这样写:■

一、听力

1. [✓] [×]	6. [A] [B] [C]	11. [A] [B] [C] [D] [E] [F]	16. [A] [B] [C]
2. [✓] [×]	7. [A] [B] [C]	12. [A] [B] [C] [D] [E] [F]	17. [A] [B] [C]
3. [✓] [×]	8. [A] [B] [C]	13. [A] [B] [C] [D] [E] [F]	18. [A] [B] [C]
4. [✓] [×]	9. [A] [B] [C]	14. [A] [B] [C] [D] [E] [F]	19. [A] [B] [C]
5. [✓] [×]	10. [A] [B] [C]	15. [A] [B] [C] [D] [E] [F]	20. [A] [B] [C]

二、阅读

21. [✓] [×]	26. [A] [B] [C] [D] [E] [F]	31. [A] [B] [C] [D] [E] [F]	36. [A] [B] [C] [D] [E] [F]
22. [✓] [×]	27. [A] [B] [C] [D] [E] [F]	32. [A] [B] [C] [D] [E] [F]	37. [A] [B] [C] [D] [E] [F]
23. [✓] [×]	28. [A] [B] [C] [D] [E] [F]	33. [A] [B] [C] [D] [E] [F]	38. [A] [B] [C] [D] [E] [F]
24. [✓] [×]	29. [A] [B] [C] [D] [E] [F]	34. [A] [B] [C] [D] [E] [F]	39. [A] [B] [C] [D] [E] [F]
25. [✓] [×]	30. [A] [B] [C] [D] [E] [F]	35. [A] [B] [C] [D] [E] [F]	40. [A] [B] [C] [D] [E] [F]

HSK(一级)答题卡

新汉语水平考试
HSK(一级)答题卡

姓名	

国籍	[0] [1] [2] [3] [4] [5] [6] [7] [8] [9]
	[0] [1] [2] [3] [4] [5] [6] [7] [8] [9]
	[0] [1] [2] [3] [4] [5] [6] [7] [8] [9]

性别	男 [1]　　女 [2]

序号	[0] [1] [2] [3] [4] [5] [6] [7] [8] [9]
	[0] [1] [2] [3] [4] [5] [6] [7] [8] [9]
	[0] [1] [2] [3] [4] [5] [6] [7] [8] [9]
	[0] [1] [2] [3] [4] [5] [6] [7] [8] [9]
	[0] [1] [2] [3] [4] [5] [6] [7] [8] [9]

考点	[0] [1] [2] [3] [4] [5] [6] [7] [8] [9]
	[0] [1] [2] [3] [4] [5] [6] [7] [8] [9]
	[0] [1] [2] [3] [4] [5] [6] [7] [8] [9]

年龄	[0] [1] [2] [3] [4] [5] [6] [7] [8] [9]
	[0] [1] [2] [3] [4] [5] [6] [7] [8] [9]

学习汉语的时间：

3个月以下 [1]　　3个月-6个月 [2]

6个月-1年 [3]　　1年-18个月 [4]

18个月-2年 [5]　　2年以上 [6]

你是华裔吗?
是 [1]　　不是 [2]

注意　请用2B铅笔这样写：■

一、听力

1. [✓] [✗]　　6. [A] [B] [C]　　11. [A] [B] [C] [D] [E] [F]　　16. [A] [B] [C]

2. [✓] [✗]　　7. [A] [B] [C]　　12. [A] [B] [C] [D] [E] [F]　　17. [A] [B] [C]

3. [✓] [✗]　　8. [A] [B] [C]　　13. [A] [B] [C] [D] [E] [F]　　18. [A] [B] [C]

4. [✓] [✗]　　9. [A] [B] [C]　　14. [A] [B] [C] [D] [E] [F]　　19. [A] [B] [C]

5. [✓] [✗]　　10. [A] [B] [C]　　15. [A] [B] [C] [D] [E] [F]　　20. [A] [B] [C]

二、阅读

21. [✓] [✗]　　26. [A] [B] [C] [D] [E] [F]　　31. [A] [B] [C] [D] [E] [F]　　36. [A] [B] [C] [D] [E] [F]

22. [✓] [✗]　　27. [A] [B] [C] [D] [E] [F]　　32. [A] [B] [C] [D] [E] [F]　　37. [A] [B] [C] [D] [E] [F]

23. [✓] [✗]　　28. [A] [B] [C] [D] [E] [F]　　33. [A] [B] [C] [D] [E] [F]　　38. [A] [B] [C] [D] [E] [F]

24. [✓] [✗]　　29. [A] [B] [C] [D] [E] [F]　　34. [A] [B] [C] [D] [E] [F]　　39. [A] [B] [C] [D] [E] [F]

25. [✓] [✗]　　30. [A] [B] [C] [D] [E] [F]　　35. [A] [B] [C] [D] [E] [F]　　40. [A] [B] [C] [D] [E] [F]

HSK(一级)答题卡

新汉语水平考试
HSK(一级)答题卡

姓名	

国籍		[0] [1] [2] [3] [4] [5] [6] [7] [8] [9]
		[0] [1] [2] [3] [4] [5] [6] [7] [8] [9]
		[0] [1] [2] [3] [4] [5] [6] [7] [8] [9]

性别	男 [1] 女 [2]

序号		[0] [1] [2] [3] [4] [5] [6] [7] [8] [9]
		[0] [1] [2] [3] [4] [5] [6] [7] [8] [9]
		[0] [1] [2] [3] [4] [5] [6] [7] [8] [9]
		[0] [1] [2] [3] [4] [5] [6] [7] [8] [9]
		[0] [1] [2] [3] [4] [5] [6] [7] [8] [9]

考点		[0] [1] [2] [3] [4] [5] [6] [7] [8] [9]
		[0] [1] [2] [3] [4] [5] [6] [7] [8] [9]
		[0] [1] [2] [3] [4] [5] [6] [7] [8] [9]

年龄		[0] [1] [2] [3] [4] [5] [6] [7] [8] [9]
		[0] [1] [2] [3] [4] [5] [6] [7] [8] [9]

学习汉语的时间：	
3个月以下 [1]	3个月-6个月 [2]
6个月-1年 [3]	1年-18个月 [4]
18个月-2年 [5]	2年以上 [6]

你是华裔吗?
是 [1] 不是 [2]

注意	请用2B铅笔这样写：■

一、听力

1. [✓] [×]	6. [A] [B] [C]	11. [A] [B] [C] [D] [E] [F]	16. [A] [B] [C]
2. [✓] [×]	7. [A] [B] [C]	12. [A] [B] [C] [D] [E] [F]	17. [A] [B] [C]
3. [✓] [×]	8. [A] [B] [C]	13. [A] [B] [C] [D] [E] [F]	18. [A] [B] [C]
4. [✓] [×]	9. [A] [B] [C]	14. [A] [B] [C] [D] [E] [F]	19. [A] [B] [C]
5. [✓] [×]	10. [A] [B] [C]	15. [A] [B] [C] [D] [E] [F]	20. [A] [B] [C]

二、阅读

21. [✓] [×]	26. [A] [B] [C] [D] [E] [F]	31. [A] [B] [C] [D] [E] [F]	36. [A] [B] [C] [D] [E] [F]
22. [✓] [×]	27. [A] [B] [C] [D] [E] [F]	32. [A] [B] [C] [D] [E] [F]	37. [A] [B] [C] [D] [E] [F]
23. [✓] [×]	28. [A] [B] [C] [D] [E] [F]	33. [A] [B] [C] [D] [E] [F]	38. [A] [B] [C] [D] [E] [F]
24. [✓] [×]	29. [A] [B] [C] [D] [E] [F]	34. [A] [B] [C] [D] [E] [F]	39. [A] [B] [C] [D] [E] [F]
25. [✓] [×]	30. [A] [B] [C] [D] [E] [F]	35. [A] [B] [C] [D] [E] [F]	40. [A] [B] [C] [D] [E] [F]

HSK(一级)答题卡

新汉语水平考试
HSK(一级)答题卡

姓名	

国籍	
	[0] [1] [2] [3] [4] [5] [6] [7] [8] [9]
	[0] [1] [2] [3] [4] [5] [6] [7] [8] [9]
	[0] [1] [2] [3] [4] [5] [6] [7] [8] [9]

性别	男 [1] 女 [2]

序号	
	[0] [1] [2] [3] [4] [5] [6] [7] [8] [9]
	[0] [1] [2] [3] [4] [5] [6] [7] [8] [9]
	[0] [1] [2] [3] [4] [5] [6] [7] [8] [9]
	[0] [1] [2] [3] [4] [5] [6] [7] [8] [9]
	[0] [1] [2] [3] [4] [5] [6] [7] [8] [9]

考点	
	[0] [1] [2] [3] [4] [5] [6] [7] [8] [9]
	[0] [1] [2] [3] [4] [5] [6] [7] [8] [9]
	[0] [1] [2] [3] [4] [5] [6] [7] [8] [9]

年龄	
	[0] [1] [2] [3] [4] [5] [6] [7] [8] [9]
	[0] [1] [2] [3] [4] [5] [6] [7] [8] [9]

学习汉语的时间：

3个月以下 [1]	3个月-6个月 [2]
6个月-1年 [3]	1年-18个月 [4]
18个月-2年 [5]	2年以上 [6]

你是华裔吗?

是 [1] 不是 [2]

注意	请用2B铅笔这样写： ▬

一、听力

1. [✓] [×]	6. [A] [B] [C]	11. [A] [B] [C] [D] [E] [F]	16. [A] [B] [C]
2. [✓] [×]	7. [A] [B] [C]	12. [A] [B] [C] [D] [E] [F]	17. [A] [B] [C]
3. [✓] [×]	8. [A] [B] [C]	13. [A] [B] [C] [D] [E] [F]	18. [A] [B] [C]
4. [✓] [×]	9. [A] [B] [C]	14. [A] [B] [C] [D] [E] [F]	19. [A] [B] [C]
5. [✓] [×]	10. [A] [B] [C]	15. [A] [B] [C] [D] [E] [F]	20. [A] [B] [C]

二、阅读

21. [✓] [×]	26. [A] [B] [C] [D] [E] [F]	31. [A] [B] [C] [D] [E] [F]	36. [A] [B] [C] [D] [E] [F]
22. [✓] [×]	27. [A] [B] [C] [D] [E] [F]	32. [A] [B] [C] [D] [E] [F]	37. [A] [B] [C] [D] [E] [F]
23. [✓] [×]	28. [A] [B] [C] [D] [E] [F]	33. [A] [B] [C] [D] [E] [F]	38. [A] [B] [C] [D] [E] [F]
24. [✓] [×]	29. [A] [B] [C] [D] [E] [F]	34. [A] [B] [C] [D] [E] [F]	39. [A] [B] [C] [D] [E] [F]
25. [✓] [×]	30. [A] [B] [C] [D] [E] [F]	35. [A] [B] [C] [D] [E] [F]	40. [A] [B] [C] [D] [E] [F]

HSK(一级)答题卡

新汉语水平考试
HSK(一级)答题卡

姓名	

国籍		[0] [1] [2] [3] [4] [5] [6] [7] [8] [9]
		[0] [1] [2] [3] [4] [5] [6] [7] [8] [9]
		[0] [1] [2] [3] [4] [5] [6] [7] [8] [9]

性别	男 [1] 女 [2]

序号		[0] [1] [2] [3] [4] [5] [6] [7] [8] [9]
		[0] [1] [2] [3] [4] [5] [6] [7] [8] [9]
		[0] [1] [2] [3] [4] [5] [6] [7] [8] [9]
		[0] [1] [2] [3] [4] [5] [6] [7] [8] [9]
		[0] [1] [2] [3] [4] [5] [6] [7] [8] [9]

考点		[0] [1] [2] [3] [4] [5] [6] [7] [8] [9]
		[0] [1] [2] [3] [4] [5] [6] [7] [8] [9]
		[0] [1] [2] [3] [4] [5] [6] [7] [8] [9]

年龄		[0] [1] [2] [3] [4] [5] [6] [7] [8] [9]
		[0] [1] [2] [3] [4] [5] [6] [7] [8] [9]

学习汉语的时间:	
3个月以下 [1]	3个月-6个月 [2]
6个月-1年 [3]	1年-18个月 [4]
18个月-2年 [5]	2年以上 [6]

你是华裔吗?
是 [1] 不是 [2]

注意	请用2B铅笔这样写: ▬

一、听力

1. [✓] [×]	6. [A] [B] [C]	11. [A] [B] [C] [D] [E] [F]	16. [A] [B] [C]
2. [✓] [×]	7. [A] [B] [C]	12. [A] [B] [C] [D] [E] [F]	17. [A] [B] [C]
3. [✓] [×]	8. [A] [B] [C]	13. [A] [B] [C] [D] [E] [F]	18. [A] [B] [C]
4. [✓] [×]	9. [A] [B] [C]	14. [A] [B] [C] [D] [E] [F]	19. [A] [B] [C]
5. [✓] [×]	10. [A] [B] [C]	15. [A] [B] [C] [D] [E] [F]	20. [A] [B] [C]

二、阅读

21. [✓] [×]	26. [A] [B] [C] [D] [E] [F]	31. [A] [B] [C] [D] [E] [F]	36. [A] [B] [C] [D] [E] [F]
22. [✓] [×]	27. [A] [B] [C] [D] [E] [F]	32. [A] [B] [C] [D] [E] [F]	37. [A] [B] [C] [D] [E] [F]
23. [✓] [×]	28. [A] [B] [C] [D] [E] [F]	33. [A] [B] [C] [D] [E] [F]	38. [A] [B] [C] [D] [E] [F]
24. [✓] [×]	29. [A] [B] [C] [D] [E] [F]	34. [A] [B] [C] [D] [E] [F]	39. [A] [B] [C] [D] [E] [F]
25. [✓] [×]	30. [A] [B] [C] [D] [E] [F]	35. [A] [B] [C] [D] [E] [F]	40. [A] [B] [C] [D] [E] [F]

HSK(一级)答题卡

新汉语水平考试
HSK(一级)答题卡

姓名	

国籍		[0] [1] [2] [3] [4] [5] [6] [7] [8] [9]
		[0] [1] [2] [3] [4] [5] [6] [7] [8] [9]
		[0] [1] [2] [3] [4] [5] [6] [7] [8] [9]

性别	男 [1] 女 [2]

序号		[0] [1] [2] [3] [4] [5] [6] [7] [8] [9]
		[0] [1] [2] [3] [4] [5] [6] [7] [8] [9]
		[0] [1] [2] [3] [4] [5] [6] [7] [8] [9]
		[0] [1] [2] [3] [4] [5] [6] [7] [8] [9]
		[0] [1] [2] [3] [4] [5] [6] [7] [8] [9]

考点		[0] [1] [2] [3] [4] [5] [6] [7] [8] [9]
		[0] [1] [2] [3] [4] [5] [6] [7] [8] [9]
		[0] [1] [2] [3] [4] [5] [6] [7] [8] [9]

年龄		[0] [1] [2] [3] [4] [5] [6] [7] [8] [9]
		[0] [1] [2] [3] [4] [5] [6] [7] [8] [9]

学习汉语的时间：

3个月以下 [1]	3个月－6个月 [2]
6个月－1年 [3]	1年－18个月 [4]
18个月－2年 [5]	2年以上 [6]

你是华裔吗？

是 [1] 不是 [2]

注意 请用2B铅笔这样写：▬

一、听力

1. [✓] [×]	6. [A] [B] [C]	11. [A] [B] [C] [D] [E] [F]	16. [A] [B] [C]
2. [✓] [×]	7. [A] [B] [C]	12. [A] [B] [C] [D] [E] [F]	17. [A] [B] [C]
3. [✓] [×]	8. [A] [B] [C]	13. [A] [B] [C] [D] [E] [F]	18. [A] [B] [C]
4. [✓] [×]	9. [A] [B] [C]	14. [A] [B] [C] [D] [E] [F]	19. [A] [B] [C]
5. [✓] [×]	10. [A] [B] [C]	15. [A] [B] [C] [D] [E] [F]	20. [A] [B] [C]

二、阅读

21. [✓] [×]	26. [A] [B] [C] [D] [E] [F]	31. [A] [B] [C] [D] [E] [F]	36. [A] [B] [C] [D] [E] [F]
22. [✓] [×]	27. [A] [B] [C] [D] [E] [F]	32. [A] [B] [C] [D] [E] [F]	37. [A] [B] [C] [D] [E] [F]
23. [✓] [×]	28. [A] [B] [C] [D] [E] [F]	33. [A] [B] [C] [D] [E] [F]	38. [A] [B] [C] [D] [E] [F]
24. [✓] [×]	29. [A] [B] [C] [D] [E] [F]	34. [A] [B] [C] [D] [E] [F]	39. [A] [B] [C] [D] [E] [F]
25. [✓] [×]	30. [A] [B] [C] [D] [E] [F]	35. [A] [B] [C] [D] [E] [F]	40. [A] [B] [C] [D] [E] [F]

MEMO

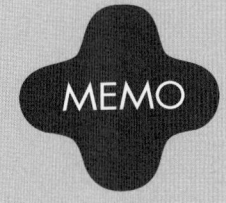

MEMO

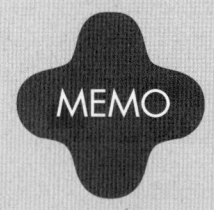

HSK
기출모의문제집

문제 풀이만으로
한 번에 합격하는 비법!

★ **국내 최초, 각 급수별 최다 문제 수록!**
   문제 풀이만으로 중국어 원리까지 이해되는 획기적 구성의 문제들

★ **HSK 시험 요강과 기출문제를 완벽하게 분석!**
   新HSK 기출문제를 8년간 완벽하게 분석하여 반영한 문제들

★ **다년간의 연구와 강의 경험을 자랑하는 집필진!**
   실제 기출문제 집필진이 엄선한 적중률 높은 문제들

★ **실제 시험과 똑같은 구성의 모의고사 총 15회분!**
   기본서 필요 없이 문제만 풀어도 중국어 원리가 이해되는 문제들

★ **1탄 시리즈 10만 부 판매의 집필진이 새로운 문제 흐름 반영!**
   新HSK 모의고사 시리즈로 이미 검증된 집필진의 새로운 문제들